JN148563

人生に活かす空手道

この本があなたの人生を育てる

日本空手協会多々良道場　師範
神野　勝
かみの　まさる

梓書院

神野勝

はじめに

いまから35年以上前のことになる。とある大学にて空手の指導を終えた私は、その帰り道、ひとりのご婦人から声をかけられた。どうやら道着姿のまま歩く私を見て空手を嗜む人だと興味をもったらしい。話をうかがうと、2人のお子さんに空手を習わせていたという。

「私ね、とっても感謝しているんですよ。息子たちが立派に育ったのは、やっぱり空手のおかげだなぁって」

しばし歓談したのち、ご婦人は嬉しそうに語ってくれた。

私はかねてより空手の教育的な可能性を感じていたが、それが確信に変わった。会社勤めをしながら空き時間に指導員をする生き方から、自分の道場を構えて空手道を教える生き方へ。ご婦人の言葉をきっかけに、私はこの時、生涯を捧げて空手の道を突き進む決心をした。

空手の指導において私の目指すところ、それは人格形成だ。空手を通じて道徳心を養うことが肝要だと考えている。したがって、技術指導だけではいけない。

空手の教育は技術を半分、心を半分。技術だけを「教える」のではなく、心も「育てる」からこそ空手道だと私は考えている。

そういったわけで、技術指導の合間をみてさまざまな先人たちの言葉をちりばめた資料集を作成した。それらをプリントして渡すなど、空手の技術と同時に心も育てるよう配慮してきた。項目によってはじゃっかん情報過多になっているかもしれないが、なるべく気軽に読めるよう、また記憶に残りやすいよう、箇条書きでわかりやすく記したつもりだ。

そうやって指導の合間に語ったこと、および伝えてきた言葉を編纂したものが本書である。

人生に活かす空手道とは何か。いざというときは空手で身を守れ。ある意味においてはそれもひとつの答えかもしれない。しかし空手は「心身ともに病気にならない体」を作って幸せな人生を送るためにあるのだと私は思う。先人たちも「空手とは健康と長寿、そして魂の育成である」と説いている。

だからこそ技術的なことだけでなく「道徳・人を育てる」「健康」といったテーマをもとに資料を数十年にもわたって綴ってきた。今回は空手の技術についての言葉は割愛させていただいたが、他のテーマを「生活・精神・武士道・健康・社会」と5つに大別し収めている。

長年にわたり書きなぐってきたとりとめない散文だが、そんなものでも少しは世の役に立つかもしれないと、このたび一冊の本にまとめることを決意した次第だ。さまざまな言葉の中から「座右の銘」といえるような一節に出会っていただければ幸いに思う。

あわせて指導者の方々やご両親の皆様が子供たちの「心を育てる」ためご覧になられ、その結果、ひとりでも多くの子供たちがより良い人生を歩んでくれたなら、それこそ望外の喜びである。

＊目次／この本があなたの人生を育てる　人生に活かす空手道

第1編　生活／人生観

第2編 精神／心構え

第4編 健康／習慣

第1編　生活—人生観

1【自分が毎日の生活に生かす言葉ベスト30】

一　人を変えようと思えば、自分が変れ

二　読書は夜道の案内人

三　世話になった事は忘れるな、世話した事は忘れよ

四　今日学ぶ事を忘れると、明日は無学の者になる

五　勉強とは、知る面白さを知るという癖をつけるにあり

六　物事がうまく運んだら感謝し、失敗したら反省する

七　自分の身体は自分のもの、ならば年を取らすな

八　明るくなければ人生じゃない

九　苦しい事を自分の味方にせよ

十　時間は与えられている訳ではない。自分自身が持っているものだ。時間を生かして使え

十一　仕事が楽しみなら極楽、仕事が義務なら地獄。勉強が楽しみなら極楽、勉強

が義務なら地獄

十二　心の思いが人生を作る

十三　運がいいと思えば運はよくなる、悪いと思えば運は悪くなる

十四　地獄がある訳ではない、地獄は自分が作り出すものだ

十五　過去は変える事は出来ないが、現在と未来は変える事が出来る

十六　強くなりたければ心を鍛えよ

十七　花も実も根のお蔭。人間の根っ子は考え方だ

十八　物事を解決する時は、まず、自分の感情の解決から

十九　涙は人生を生かし、汗は貧を洗う

二〇　自分の事しか考えない人は、周りが冷たくなる

二一　人間は努力と信用、信用と実績

二二　流れる川は腐らぬ、常にアクションを起こせ

二三　千石とっても手鼻かむ。見苦しい格好をするな

二四　何事も修行と思いする人は、身の苦しみは消えはつるなり。何事も義務だと思いする人は、身の苦しみは増すばかり

二五　成功への道は、やる気・負けん気・根気

二六　これからは勘と知恵の時代。勘を磨くには、気付いた事をすぐ行う。知恵を磨くには、いろいろな事に興味を示す

二七　悪事千里を走る。悪いことはすぐ人に伝わる

二八　愚者は経験に学び、賢者は歴史に学ぶ

二九　人を立てれば蔵が立つ、人を照らせば自分が光る

三〇　人間関係の基本は、1．気持ちの良さ　2．逢って楽しい人　3．分かり易い人

山道で迷った時は元の所に戻れ「初心に還れ」

2【日常生活に生かす言葉】

一　一度は地獄の底を見よ　風雪に堪えねば咲かぬ梅の花　苦を受けて立て

二　世の中すべて心の持ち方ひとつで地獄ともなり極楽ともなる　考え方・気の持ち方・心の持ち方次第である

三　寝ていて人を起こすな　率先垂範

四　弓は後に引いた分だけ前に飛ぶように　後に引いた過去の歴史を忘れると自ずと滅びる

五　自分を動かすのも自分　自分を生かすのも自分　自分を伸ばすのも自分　自分を育てるのも自分　自分を勝たせるのも自分　人に頼らず自分自身で解決する能力を養え

六　技術と道学は人たる所以を学ぶものなり

七　人間に年齢はない　年齢を考えるから年齢があるだけ

八　本当の幸福は生まれてきて良かったという実感から

九　この人についていくと必ず得（人望・人徳・人柄）をするという人間になれ
十　悔は水に流せ　恩は石に刻め
十一　世話になった事は忘れるな　世話した事は忘れよ
十二　臍下丹田7・3㎝　丹田は中国道教の言葉「丹」は不老長生のエネルギー
「田」は養い気を育てる所
十三　適正能力　人間はまず自分の適性を早く見つけること
十四　苦は欲より生まれる　欲が少なくなると楽が生まれる
十五　人生は夢を持ち　希望を持って努力すること
十六　私には耐えがたい苦しみも悲しみも失敗も苦労も嫌なことも皆必要だった
それで私になった
十七　良い事があったら笑うのではなく　笑っているから良い事がある
十八　体は病んでも心まで病ますな　歳はとっても心まで歳を取らすな
十九　長所を褒めると欠点が消える　長所を伸すことだ
二〇　叱るより褒めた方が人は伸びる
二一　空手道は有酸素運動　酸素を十分与えられた細胞が人間の寿命を延ばす
二二　陽明学の教え　正義・廉恥・礼節を旨とすべし　武道精神も同じ

二三　力の伴わざる正義は無力なり　正義が伴わざるは暴力なり

二四　普通のことが普通に出来ない者が特別なことは出来ない　能力以前の心の問題である　心を養え

二五　実力とは腕っぷしにあらず　人間の人格・教養・識見である

二六　返事は奥歯で噛み切れ　技は奥歯で噛み切れ　奥歯を噛むと倍の力が出る

二七　武道。昔は心身の鍛錬　今は人間形成と心の育成

二八　道とは、天命それを性といい性に従うそれを道という　「道教」の訓え

二九　正心とは　①物事をすべて前向きに考える　②感謝の心を忘れない　③愚痴をこぼさない

三〇　百尺竿頭さらに一歩を進めよ　禅の教え　前進あるのみ

三一　自分の運命は自由自在に変えられる　自分の運命は自分自身に全責任がある　自らの意思によって自由に変えられる　身の回りに起こる出来事を誰かのせいにしたり、他の物事のせいにしたりしていると他が変わらない限り自分の運命を変えることは出来ない

三二　よく「人に裏切られた」と言う人は自分が感謝を忘れた人　つまり自分が自

分自身を裏切ったために招いた出来事。感謝することで過去の執着は離れて行く

三三　人は自分に関心を持ってくれる人のみ関心を示す

三四　学問や出世は知識習得のためではなく人間を育て作ることである

三五　心眼の術を育てる　眼力を生かせ

三六　正師を得ざれば学ばざるが如し　いいお師匠さんでなければ勉強したことにならないし練習したことにならない

三七　三年稽古を休んでも良師を捜せ

三八　短所を消す極意は伸びているのを伸ばす

三九　我　神仏を敬すれども我神仏に頼まず　勝負事の依頼心は禁物　祈るだけで実現するほど神仏は怠け者へ味方しない

四〇　過去の知識にこだわり過ぎると新しい明日は開けない

四一　我以外皆我師　何事も人間は人の力を借りなければ一日も暮らせない

四二　一年先を楽しもうと思えば花を植えよ　10年先を楽しもうと思えば木を植えよ　１００年先を楽しもうと思えば人を育てろ　人づくりは１００年かかる

四三　家庭内暴力は自立がなされていないのが原因

四四　人を育てる戒めの言葉　①恥を知れ　②体面を汚すな　③恥ずかしくないのか　④人に笑われるぞ　⑤情けない格好をするな　⑥自分の行動は自分で責任を持て

四五　子供と大人の違い　子供は耳から聞いて目で見て心で感じて自分の気持ちから口ですぐ言う　大人は感じても一時止め置く

口は一つ　耳は二つと心せよ

3【生活に生かす教訓】

一　服装は相手に対する礼儀　礼儀を正し身を正し心を正す

二　明るくなければ人生じゃない　毎日楽しく明るく輝け

三　毎日楽しい嬉しい面白いを連発し前向きに日々を楽しめ

四　人間辛い時、苦しい時、いやな時、悲しい時に成長する　一段と大きく伸びる時である

五　自分を育てるのは自分である　人に頼らず自立せよ

六　笑顔の花は幸福の実を付ける　笑顔は人を幸福にする心の窓口　笑顔で人間関係を築け

七　金にこだわる人は下の下、名誉にこだわるひとは中の中、人を育て導く人は上の上なり　人を育てよ

4【毎日の生活に生かせ、そして実行せよ】

一　朝起きてすぐ15分勉強、学校から帰ったらすぐ15分勉強を習慣づける

二　人生は、努力し実行した人に最高の幸運をもたらしてくれる

三　毎日嬉しい・楽しい・面白いを口ずさみ明るく輝く

四　今日成しうることを明日に延ばすな　今日を精一杯努力し、精一杯生きよう

五　清掃は生活を磨く最高の基本　清掃をおろそかにするな

六　目的意識を持って実行　目標の無い所にゴールはない

七　自分をかばって反省しない人は、いつも同じ失敗を繰り返す　後の後悔先に立たず

八　勝つことだけでは意味が無い　日頃のマナーや気配りを大切にする

九　人間は、自分自身が自分自身を磨かなければ光なし

十　小さいことを煩わしくいわれるから、小さいことに気が付く　小さいことを大切にせよ

十一　読書は充実した人間を作り　会話は機転の利く人間を作り　書く事は正確な人間をつくる

十二　人生は、何事も続けている限り勝者も敗者もない　諦めた時が敗者になる

十三　進歩は、今、ここ、我しかない

十四　人生は体力　胆力　判断力　断行力　精力　能力　心の能力を積極的に

5【毎日が幸福で運の良い人はこんな人】

一　明るくよく笑う。嬉しいことがあったから笑うのではなく笑っているから嬉しいのだ

二　声が大きい人。おはようございます、こんにちはと人に挨拶をする

三　人と向きあい目線がきちんとあう人。目を見て挨拶ができ話ができる人

四　行動力があり良いことを学ぶとすぐ実行する人

五　謙虚さ（人の話を良く聴く）素直さがある。年上の人に学ぶ、年下の人にも学ぶ、皆から良いことを学ぶ

六　良く学ぶことが好きでよく本を読み、すぐ自分のものにできる人

七　いつもプラス思考で物事を前向きにとらえる人

八　聴き上手で人の話に耳を傾け一所懸命、向学向上しようとする人。耳は一つ、口は二つ

九　目標を持っていつも前進する人。目標がない所にゴールはない

十　感謝する人に対していつも「お陰様でありがとうございます」と感謝の心と気持ちを忘れない人

十一　人を喜ばすのが好き、人を大切にし人のため心から誠を尽くす心の温かい思いやりのある人

6【毎日を快適に過ごすには流れをよくすること】

一　運動により汗の流れを作る
二　人間の不調や病気は気（一種の生命エネルギー）の流れが滞ることで起きる
三　ツボは全身に３６５カ所ある
四　病気は食べ過ぎ病
　　内臓に負荷がかかり、重力が下がり下垂体に流れが悪くなる
　　内臓が下がると前傾になり猫背になる　片腕２kg　両腕４kg　猫背と腰折は
　　早死にする
五　姿勢が崩れると頭も下がり軸がぶれる
六　すべての流れは運動にあり、汗をかいて健康を保とう

7【自分の五体を良いことに使おう】

一　目は人の良いところを見る為に使おう
二　耳は人の言葉を最後まで聴いてあげる為に使おう
三　口は人を励ます言葉や感謝の言葉を言う為に使おう
四　心は人の痛みや苦しみ、辛さを分かる為に使おう
五　手や足は人を喜ばせ助ける為に使おう

人の喜びが己れの最高の喜びである

8【これからの生き方】

ダーウィンは進化論で「生き残ることができるのは強い者でも賢い者でもない。変化に即応できる者だけが生き残る」と説いている。

目先の変化に翻弄されることなく、人としてしっかりした考え方と行動を取らなければならない。

大切なことは『自主判断』自分で判断できる能力を育てる。『自助努力』小さな努力の積み重ね。『自己責任』自分で行うことはすべて責任を持つことに当たる。

何が起ころうと苦労に耐え、努力し合って困難に打ち勝つ勇気が大切だ。

9 【健康五則】快食・快眠・快便・快足・快笑

よくかむこと「フレッチャリズム」アメリカの富豪フレッチャー

彼はアメリカの大富豪になったが、健康を害して余命幾ばくもないと医者に宣告された。そこで彼は余生を自分の思いのままに過ごそうと風光明媚なスイスのチューリッヒ湖畔に別荘を建てそこで悠々自適の生活を送った。

ところがある人から食べ物を噛む大切さを教わり、何でも口に入れた物はドロドロになるまで噛むように心がけた。すると病気が治り運動機能も回復して、若い人と自転車競走しても負けないような強い体力ができた。そこで彼は物を噛む貴さを知り、世の中にその功徳を教えようとしたのがフレッチャリズムである。

〈健康について〉

世界保健機関（WHO）の健康定義には『健康とは単に身体に病気がないとか身体が弱くないというだけでなく、肉体的にも精神的にもさらに社会的にも完全に調和のとれた良い状態にあること』とある。健康の〝健〟は心が安らかであることを表している。心身ともに健全であり「健体康心」でなければ健康とは言えない。身体がいかに頑健でも心が康らかで情緒が安定していなければ真の健康ではない。〝亡くなって知る親の恩、失って知る健康のありがたさ〟自分が健康で元気な時には健康のありがたさはわからない。病気になって苦しい思いをして初めて健康のありがたさを知る事になる。

〈栄養について〉

禅宗の坊さんは、食事は常に一汁一菜で、野菜ばかり食べているにも拘わらず逞しくて血色が良く立ち姿も立派である。品数の多い食事を摂ることよりも、一汁一菜に盛られた栄養分をいかに体内に取り入れ、いかに新鮮な血を作るかという事が重要である。

「字を書き書を読み考える頭の栄養を忘れずに」
「世渡りの道はどうかと豆腐に聞けば、まめで四角でやわらかく」
「腹立てず心はまるく気は長く、口慎めば命長けれ」

10【三吸七呼】

〈呼吸法について〉

普段している呼吸は、肺尖呼吸・胸式呼吸・腹式呼吸の三段階に分かれる。肺尖で行う呼吸は最も浅い呼吸で病人に多い呼吸である。胸式呼吸は胸で行う呼吸で健康で一般の人の呼吸。最後の腹式呼吸は最も深い呼吸で腹まで吸い込み腹の底から吐き出すやり方で健康的な呼吸法。禅や気功なども深く静かな呼吸である。

荘子は「衆人の呼吸は喉を以ってし、真人の呼吸は踵を以ってす」

人間は浅い息をせず、身体の末端まで浸透する深い息をしなさいと教えている。一般に最も深い呼吸を深呼吸・努力呼吸とも言う。

腹式呼吸によって体内の大掃除を行い、深呼吸して新しい酸素を体内に取り入れ、新陳代謝を盛んにする。気功でも調体・調心・調息の3つを健康の基調としている。深い呼吸によって脳を活性化して呆けを防ぐことになる。

「長生きは長息」と言われた昔は武士の間でも1・2・3と三回息を吸い込んで七回

吐く「三吸七呼」の教えがある。

11【歳をとらない生き方】

一　自分の身体は自分のもの、ならば年をとらすな。
二　身体は年をとっても気持ちと心に年をとらすな。
三　病気になって身体が病んでも心まで病ますな。
四　60歳を過ぎたら7掛けで行け。42歳の年齢
五　気持ちと心はいつも99才まで10代。
六　昨日までの人生リハーサル、今日から人生本番
七　希望を失った時初めて老いがくる。
八　不安になったら身体を動かせ。
九　年をとっても行動はいつも若々しく
十　身体にいつも刺激を与えよ。頭・顔・耳・目・口・顎・腹・足裏・指先

12【若さとは】

若さとは人生の一時を言うのではない
それは心の状態をいうのだ
逞しい意志・優れた想像力・燃える情熱・苦境を乗り越える勇猛心・安逸を振り切って冒険に立ち向かう意欲
こういう心の状態をいうのだ
人は信念と共に若く、疑惑と共に老いる
人は自信と共に若く、恐怖と共に老ける
希望ある限り若く、失望と共に老い朽ちる

13【やる気―心訓】

歳を取り年齢を重ねるとやる気が段々失せてくる。そこで、やる気―心訓を作り自分を励ましている。やれば出来る、いつまでも出来る、何事も出来る。勇気を持って周囲に左右されるな、希望と夢はいつまでも必ず達成できる。決して止めない、決して諦めない、何事も今すぐ行う。勝利者は諦めない。最後に笑う者が最もよく笑う、最後まで自分と戦う。

人間のタイプは三つに分かれる
一　言わなくても分かる人
二　言えば分かる人
三　言われても分からない人

曹山本寂和尚

ある僧が曹山和尚に尋ねた、「どのような生き方が素晴らしいか」

曹山が答えて言った、「一頭の水牛になりきることだ」

僧が再び尋ねた、「それはどういうことでしょうか」

曹山が答えた、「牧草を食うことだけ考えて後は何も知らん」

僧はさらに尋ねた、「それが私たちの生き方とどう関わっているのでしょうか」

曹山が答えた、「水を見たら水を飲み、草を見たら草を食う」

実に明確な提示、わが身に置き換えれば「仕事のときは仕事を一所懸命頑張り、遊ぶときは遊びに夢中になる」自ら置かれた立場で精一杯頑張り後のことは何も入り込んでくる余地のないくらい生きる生き方。


命の長さだけでなく、如何に生きたかが大切。私たちは自分の身体や命は自分の物のように思っているが決して自分の自由になるものではない。油断していると月日はどんどん過ぎ去って行く。月日とともに生命は一日一日と縮まってゆく。いつなんどき一息裁断の時が来るかもしれないから一日一生主義で生きて行くほうが良い。

人間の究極は健康で長生きをする事である。

但し、人に世話にならず迷惑を掛けないこと。

迷惑を掛けない為には、最後まで自立をし自立の精神を保つことで、すべてのことを前向きに考え、気持ちを若々しく積極的且つ光明思考で活動・行動することにある。

心の持ち方が人生には一番大切。

心が積極的・前向きでないと本当の幸福はない。

人間に年齢はない。年齢を考えるから年齢があるだけ。

心の知識だけで違っているのは身体だけ。

どんな名医や名薬といえども楽しい・嬉しい・おもしろいの気持ちと心に勝る効果はない。

14【元気な人の証十項目】

一　元気な人は底抜けに明るくて朗らかである。
二　元気な人はホラを吹いて、そのホラを実現してしまう。
三　元気な人は底抜けのド阿呆である。
四　元気な人は人のやらないことをやる。
五　元気な人は破格で型破りである。
六　元気な人は楽天的で開き直れる人である。
七　元気な人はユーモアがあり、冗談を言える人である。
八　元気な人は信念が強く、人の言うことを聞かない。
九　元気な人は天にはばたくような夢をもっている。
十　元気な人は夢多き人
十一　元気な人はいつも情熱的で心のボルテージが高い

15【人生を育てる】

一　我に与えし空手道の恩徳は、山より高く海より深く己を磨いてくれた御業なり

二　人間満足したら、老いるだけ。無限に膨らむ夢を追いかけて、これからも誠心誠意努力する

三　何事も大切なことは、目的を持って目的の為、誠意を尽くし真心で努力を積み重ねることだ

四　人生山登り　高く登れば遠くが見える

五　超えなばと思いし峰に来てみれば尚、行く先は山路なりけり　空手道修業

六　一日一生、日々是好日歩々是修業なり

七　過去の花が咲いている今が最も若い時と思い、一寸の光陰軽んじるべからず

八　四季　春夏秋冬　春は春の役割を果たして、夏に譲ってこそいく。夏も秋も冬も同じ。老いも同じ

九　苦労来い！俺はまだ未だかつて苦労を嫌になった事はない。修業人だから

十　教える者は技術以外に知識・教養・社会性を持ち、育てなければ価値がない

16【人生に磨きをかける】

一　頑張れ！　努力しろ！　は我でもする
　　大事なことはやる気・負けん気・根気
　　三気人生が最も大切　やる気は無限大に広がる
二　本物は続ける。続けると本物になる
三　人の幸福とは一輪咲いても花は花
　　一石とっても武士は武士
　　空手道を通じ、人生を磨き人間修養に努める
四　三年稽古を休んでも良師を探せ。三年早く稽古を始めるより三年かかって良
　　師を選べ
五　良師を得ざれば学ばずにしかず
　　良い先生に学ばなければ、かえって学ばない方が良い
六　今日の一字は明日の二字

七　今日、学ぶことを忘れると明日は無学の者になる

八　読書は夜道の案内人

九　学ぶことの大切さを知ると無限大に広がって行く
自分を育てるのは自分
自分を生かすのも自分
自分を伸ばすのも自分
自分に教えるのも自分
自分を勝たせるのも自分
すべて自分次第で成長し成功する
今日なしうることは明日に延ばすな
今しかない！　やるしかない！　やるなら今だ！
今、ここ、我　一日一生と思い生き抜け!!

学問の目的は知識を増やすのではなく　人間を作り育てることである

第2編
精神―心構え

1【自分の自己管理と日常生活を徹底し、価値ある密度の高い毎日にしよう】

古来日本は、物づくりの丁寧さではどの国より優れており、いろいろな物づくりと文化を構築してきた。目に見えない大切な部分、建造物では屋根裏、着物や背広の裏地、すべて見えない裏の裏まで目配り・気配り・心配りの思いやりで成功させる仕事をしてきた。

表裏一体、目に見える部分と目に見えない部分とは密接な関係があり、人間でいえば嬉しい気持ちや悲しい気持ちが自分自身に反映する。心身一如の関係は切り離すことができないのと同じで、これは日々の生活時間という概念に当てはまる。仕事の時間が表であれば、プライベートな時間は裏となり、裏にあるプライベートな時間の自己管理が、空手道の試合結果にも反映する。プライベートの時間をどのように使うかは、その人の自由だ。しかし、仕事においても、空手道の練習・稽古においても、目にみえる充分な成果を上げる為にも、社会生活や日常生活、休日を充実した時間にしていくことが最も大切で重要だと思う。

何事も自信がないのではない、自信を育てていない者のことだ

2 【孔子の教え】

『人生、心の欲する所に従えども、矩を踰えず』 孔子

あの有名な孔子は、村の有権者第三夫人の子として生まれ、数々の人生の生き方を教え、論語を確立して73歳で生涯を閉じた。その教えの、論語「為政第二」にこうある。

吾十有五にして学に志し、

三十にして立ち、

四十にして惑わず

立派な人になろうと志を抱く

迷いがあるから悟りがある。孔子も色々と迷いながら三十を乗りこえた。

間違ったことに気づく。悪いことがあったら改めれば良い。過ちと知りながら改めないことは本当の過ち

五十にして天命を知り、

六十にして耳順い、

七十にして心の欲する所に
従えども、矩を踰えず。

人に見えざるものが見え、聞こえざる声が聞こえるようになった。

年とともに体も心も頑固になるが、孔子は逆に誰の意見も素直に聞き入れた。

自分の思うままに振舞っても、過ちを犯すことの少ない人生に到達した。

東洋思想では、老朽老醜もあれば、老熟老練も人生成熟と共に自分の持ち味を十二分に発揮しよう。老いて尚衰えざる。これを名人と言う。老いて学べば死して死せず。最後に笑う者が最も良く笑う。最後まで笑い通す是道である。

3 【笑顔道】

笑顔薬の効果　笑顔は荷物にならない贈り物

一　笑顔が苦しみをほぐす
二　笑顔が魅力を倍増させる
三　笑顔がリラックスを生む
四　笑顔が生きるエネルギーを生む
五　笑顔がチャンスを引き寄せる
六　笑顔が五感を刺激する
七　笑顔が堅い心を溶かす
八　笑顔が運命を変える
九　笑顔が人を暖かく包む
十　笑顔が自分を蘇らせる

十一　笑顔が周囲を変える
十二　笑顔は０円
十三　笑顔は心の花
十四　笑顔は脳の神経を刺激して活性を育てる
十五　笑顔は第３の能力
十六　笑顔は無上の強壮剤・開運剤・心の栄養剤

毎日の明るい笑顔で人間関係を築け

4 【大切な挨拶】

挨拶は、禅からきた言葉。挨は「押す」、拶は「迫る」すなわち相手の中に入り込むという意味がある。相手の心に喜びを与え、相手に明るさと嬉しさを与える。「あ・い・さ・つ」にかけて、ひとつ折句を作ってみた。明るく、生き生きと、こちらから挨拶をする。そして、それを続けようといった気持ちを表している。

「**あ**」 **明るく挨拶**
「**い**」 **生き生き挨拶**
「**さ**」 **先に挨拶（相手よりも）**
「**つ**」 **続ける挨拶**

お互いを幸福にするのだから、挨拶をすることで最強の人間関係を築くことができる。つまり、人間関係をどんどん良くしてくれる。

挨拶をする時は、相手の目をしっかりと見て、さらに「○○さん」「□□くん」といった感じに相手の名前をあわせて呼ぶようにすると、より親密さが増す。繰り返すうち、お互いの人間関係はさらに深まっていくはずだ。

こうした理由から、挨拶ひとつで、感じのいい人、近寄りがたい人の差がつく。相手からの印象がずいぶんと違う。ということは、挨拶をどのように行なうかによって、その人の人生・運命が変わってしまうとも言える。どうせなら、気持ちよく挨拶をして、自分も相手も明るく楽しい気分になったほうがいい。

ともかく、挨拶は相手に与える最高の贈り物。きちんとやるようにすれば、自分の真心と誠意がしっかりと伝わる。そこから信用・信頼性、人柄といったものが生み出されていく。相手の信頼を得られる人と得られない人、その差は挨拶次第だ。

毎日、明るい笑顔の挨拶で、
楽しく愉快に過ごしましょう

5【初心、忘るべからず】

一見、優しい戒めの言葉ではあるが、中身は大変重い実のある深遠な、常に忘れてはならない言葉である。空手道のみならず、どの道においても習い始めた頃の謙虚さで、張り詰めた気持ちを常に忘れてはならない。

最初に思い立った一念が大切。

世阿弥は、花鏡の奥段に「当流に万能一徳の一句あり」

それが「初心忘るべからず」だと書いている。

初心には、3段階あるという。

・是非の初心—初心忘るべからず

・時々の初心—時々初心忘るべからず

・老後に初心—老いて初心忘るべからず

いつまでも初心を貫こう。初一念。初心貫徹。是道である

6　【人生は心の持ち方で決まる】

人生はその人の考え方と気の持ち方、心の持ち方で決まる。

どんな運命に出会っても心を鍛え、磨く事で幸福な人生を送ることができる。

自分の尊さを知り、今ここで自身が成すべきことを大切にし、日々の生き方である大いなる理想と高い希望、目標を掲げるのである。

辛いこと・苦しいこと・悲しいことがあってもそれを乗り越えて行く勇猛心、気概が大切である。辛いとか苦しいとか思うことは自分への負けであり、自分に負ける人は心が暗く疲れやすくなり、物事に限界がくる。

7【言葉は自分自身に大きな力を与えてくれる】

格言や諺は、長い年月に渡り人から人に受け継がれてきた「人々の知恵の結晶」と言われ、それぞれの言葉には教訓や真理が含まれている。その言葉の教えを知り、それぞれの状況に応じた自分の好きな言葉を選んで自分なりの生き方を「道しるべ」として、自分自身の人間形成・人格形成・心の育成に生かすよう心掛けることが大切である。その言葉によって自分自身を励まし、人生の目標を達成することが自分自身の成功である。空手の技術と合わせ言葉によって自分を大きく育てよう。

初心忘るべからず　時々初心忘るべからず
老いて初心忘るべからず
『初志貫徹』『初一念が大切』『初心不忘』『文武両道』『文武不岐』
『左文右武』『先知後行』『知徳心体』『文武一徳』『気拳体一致』
『至誠一貫　正しい心でやり遂げる』『平常心是道』『心気力一致』

『一志一道』『千錬自得万鍛神技』『求道心是道』

人よりも一粒多く汗をだせ。　弘法大師

8【成功する人の10カ条】

一　人間的成長を求め、常に努力を怠らない人
二　自信と誇りを持ち、世の為・人の為真心を尽くす人
三　いつも明確な目標を持ち、前向きに前進し公明思考である人
四　他人の幸福の為には、労をいとわず人の役に立つことを考えて行動する人
五　良い事は率先垂範し先頭に立ち、物事を解決していく人
六　失敗は成功の基と思い成功を信じ、一途に継続できる人
七　今・ここ・我を１００％全力で打ち込み、すべての困難を打ち砕いていく人
八　投資なくして回収なし。常に投資を続ける人
九　信ずる者は救われる。何事も信じ、行動を最大限に生かす工夫をする人
十　与えられた時間は皆同じ。最大限に時間を生かす人。人間の命は時間なり

9【何事も勝つ為に必要な事】

一　絶対に負けないという心掛けと強い意志
二　毎日小さな努力の積み重ね
三　毎日勝つ為の方法を意識し研究する
四　毎日自分にテーマを与え、常に工夫・努力・実践する
五　毎日ノルマを与え確実に実行する
六　意志あるところに道あり、道を作るには意志を強く持つ
七　強くなりたければ心を鍛えよ
八　行住坐臥に学べ

日常の立ち居振る舞　歩き　止まり　座り臥すすべてを生すこと

10 【勇気と無謀】

バンジージャンプ（成人の儀式）

南太平洋バヌアツ共和国

村で1人の男が女に乱暴なことをし、追いかけられた女は男から必死に逃げた。女は目の前の大きな木を見つけ、その木によじ登った。

それを見た男も木に登ってきた。女は飛び降り、男も女を追った。飛び降りた男は命を落としたが、女は上に登り切った時、片足に素早くツルを巻き付けていた。女は助かった。

知恵なき努力は牛馬の努力

11【杖にすがるとも、人にすがるな】

武蔵は「頼れるものは腰の一剣」と言い、信ずるものは自己の実力だけであり、絶対に人に頼ってはならないと教えている。世の中の事を全て人に頼る気であると、自分の力が抜け、自分の努力を欠き、信念を失い、何にでも人様の後ろについていかなければならなくなる。

そうなれば、あれもやってくれない、これも助けてくれないと全くの「くれない族」となり、人を恨み、愚痴ばかりをこぼす人生の落伍者になる。頼れるのは自己の実力だけであり、人に頼り杖にすがる気を起こしてはならない。そしてその強い信念と逞しい実力を蓄えるには、日頃の努力であり何事もやり抜く気力と忍耐が必要である。

杖にすがらず、人に頼らず、自らの努力を力とする人は必ず勝ち、人の助けを当てにして怠る人は、必ず負ける。

それが自然の天則である。

12【一瞬一瞬が勝負の時】

一　人生には三つの坂がある。一つは上り坂、一つは下り坂、一つは予測しない「まさかの坂」。まさかの坂をどうするか

二　まさかの坂は、人生災難最悪の時と言える

三　ダルマはどこに投げても重心が重いから止まった所ですぐ立ち上がる。低い所に重心があるからである。人間も同じ。最悪の状態に投げだされたら、これまでの悪い習慣を止めて人間的徳を積むことである。人望人徳思いやりが徳である。

四　身体が病んだら自分の悪い生活習慣を直すことである。直すことにより、病んだ身体は徐々に回復する。

五　まさかの坂は突然くるのではない。健康も同じ。生活習慣を見直し、考え方を正しい方向に自分を導くことである。そして、それと同時に今がその時である。

13【人生　苦労を積み重ねて　目指す山頂に立てる】

山には、自動車道もあればケーブルカーもある。

それを利用すれば、いつでも楽に山登りはできるが、登山とはそんなものではない。自分の足を使わずに山頂に到達したとしたら、それは単なる「そこに移動した」にすぎず、「登山」とは言えない。自分の足で登って難儀しながら初めて登山と言える。一歩一歩が苦しみの連続である。その努力の積み重ねで、大きな感激と満足を伴って山頂に立つのである。

空手道も同じである。毎日毎日、一歩一歩の精進と奮闘以外にはない。これは、人生にも言える。

一刻一時の流れと、人との出会いを大切に精一杯生きてこそ、人生の価値がある。

それが自分の大切な生きぬく人生だ。人生には、バイパスやケーブルカーなどない。

人生をずる賢く生きようと、安易な考え方では、すぐ谷底に落ちてしまう。心せよ。

人生山登り　高く登れば遠くが見える

苦労で人生の視野を広めよ。

14【豆腐一個の人格を見出そう　豆腐人生】

豆腐ほど良く出来た武人拳人はあるまい。軟らかさは充分、そして身は崩さぬくらいのしまりを持っている。しかも、煮ようが焼こうが何をしてもそれぞれの味を出す。自分の主体性を失うことがない生き様と言えよう。

我々空手道人もかくありたいものだ。

道場に行けば修業人として稽古に精進し、人に対しては慈人となって人間の真実を具現していく生き様を豆腐は教えている。また、豆腐ほど相手を嫌わないものはない。ちり鍋では鯛と同居して恥じない。すき焼きで牛肉と交わってはすぐ相和する。たとえ上下の位置にあっても、人として位負けしない豊かな品性・品格の人である。寄せ鍋では、同列同位、友人には本当の友人として接し、おでんの世界には他のすべてと協調関係を保ち、実に頼もしい。いつでもどこでも誰とでも、ひとつになって交わり調和する。己をたてず、共に生きる人と一緒になって、互いに活かし合い、調和するまさに至福の人である。人と調和する生き方が人間の使命であり、空手道人においても同じことである。

豆腐は、人生の最高の見本手本で達人であり、空手道人の名人・武人である。豆腐は祝いの席にも、また仏事の席にもなくてはならない。マルチ人間である豆腐のように主体性を失うことなく、他と調和しすべてに順応していく人が空手道人である。「俺が俺が」の我を捨て、「お蔭お蔭」の我で生きる精神が最も大切と豆腐は教えている。

このように達人の豆腐ではあるが、元は大豆であり大豆の本性であるたんぱく質に戻る為に水に浸けられ重い石臼の下を潜り抜け、更に細かい目の袋で濾され、と様々な段階を踏んでいる。我を捨てる、自己中心を捨て去る人ほど最高の修行人である。


「身を削り　人につくさん擂り粉木の　その味知れる　人ぞ尊し」　道元

15【人生に生かす１００の雑学】

・人生は本を読んだやつと、一途に努力したやつが勝つ。
・小さな成功と小さな成長に満足するな。気宇壮大になれ。
・良いことがあったから笑うのではない。笑うからいいことがある。
・積小為大　小事を嫌って大事を望む者に成功者はいない。
・言うな！　弱った・困った・どうにもならない。
・今日の幸福は昨日の苦労の賜物。
・譲って損はなく、奪って得はない。
・道は、勉強だけにあるのではなく、その人の行いにある。
・服装は、相手を思いやるその人の人柄。
・服装の乱れは世の乱れ。言葉の乱れは世の乱れ。乱れは言葉と服装から。
・一日生きれば一日死に向かう。一日を大切に生きること。
・身はたとひ　武蔵の野辺に朽ちぬとも　とどめおかまし大和魂（松蔭先生）

・病気になるのも、健康に生きるのも、すべて自分の選択次第。
・負けてもいいから負けを認めない、認めないから負けではない。今度は勝つ。
・長期の平和、経済繁栄、先進の医療、高度な教育、最新の技術、何が不足日本人。贅沢言うな日本人。
・病気は1000個、健康は一つしかない。健康が一番。
・あの人が行くんじゃ私は行かない、あの人が行くのなら私は行く、あの人・あの人、私はどっちのあの人か。
・迷わぬ者に悟りなし、迷いも大切。
・義を見てせざるは勇なきなり。正義と勇気。
・恩を知らざる人は、穴多き桶の如し。
・実践力を身につけ、専門力を高める。
・ピンチがチャンスなんだ、チャンスが来るときはその前に必ずピンチが訪れる。
・教えることではない、気付かせることが大切。
・あなたの仕事は何か、私の仕事は人様のお役に立つことである。世の為、人の為。
・本物は続ける、続けると本物になる。継続は力。

・礼儀・挨拶が出来ない人は、心が貧乏で豊かさがない人。心を貧乏にするな。
・マイナスの言葉は、マイナスの思考になる。
・幸運は夢を持ち、夢に向かって努力する人に訪れる。
・さあ、やるぞ！必ず成功する私はとても運がいい。必ずうまくいく！
・元気とは、人の心と体を流れる生命のエネルギー。酸素不足にするな。
・健康と不健康は、誰が選んでくれたものでもない。自分で選んで歩いた道。
・喜べば、喜びが、喜びながら、喜びごとを集めて喜びになる。悲しめば、悲しみが、悲しみながら、悲しみごとを集めて悲しみになる。
・男の成長は女次第、女の成長は男次第、良い男・良い女が成長させる。
・花よりも、花を咲かせる土になれ。心が変われば行動・思考が変わる。
・天に星、地に花、人に愛、天地愛、輝き美しく思いやる。
・仕事は探してやるものだ。自分が作り出すものだ。与えられた仕事だけやるのは雑兵だ。
・素直な心とは、白は白　黒は黒　青は青と事実は事実と見ること。それが大切。
・病気は、生き方の偏りから起こる。

・笑っている顔に、唾は吐けない。
・怒れる拳、笑顔に届かず。
・一夜君と共に語る、十年書を読むに勝る。
・一芸百芸に通ず。まず、一芸を磨け。
・人は病気や老いて死ぬのではない。生まれてきたから死ぬのだ。「人間五十年下天のうちをくらぶれば　夢幻の如くなり」信長
・躾教育は、人に迷惑をかけない。自分のことは自分で責任を持つこと。
・学問の目的は、自分の能力や人格を磨くことであって、名声や利益を求めようとするものではない。
・健康を願うなら、自分の体の声に耳を傾けろ。
・大人物は聞いているばかり、小人物は話してばかり。口は一つ、耳は二つ、人の話を聞け。
・学問で大切なことは、知識を増やすことではなく、心を磨くことである。
・信用なき人間は、首なき人間。
・何事にも、他人の幸福を優先して考え、行動すること。

・人生の苦しみの波は絶えないが、生きる目的をしっかり持つ人は必ず報われる。
何事にも負けない・挫けない・諦めないのが空手道精神。
・初めは人が習慣を作り、それから習慣が人を作る。良いことを習慣化する。
・思想がたとえ高潔なものであっても、人間の最終目的は思想でなく行動である。
・困難だからやろうとせず、やろうとしないから困難なのだ。
・「なんだその撃ち方は、もっと腰を据えて冷静に撃て」戦艦伊勢の艦長　中瀬泝（のぼる）
・壁ねずみを忘れず、ねずみ壁を忘れる。苦しみを与えた方は忘れ、苦しみを受けた方は忘れない。
・恩は石に刻め、恨みは水に流せ。
・心正しからざれば、拳足又正しからず。拳足を学ぶ者は、まず心より学ぶべし。
・小笠原流を作った室町時代の武家礼法　小笠原長秀　挨拶・態度・行い・言葉遣いの正しさ規範
・努力は決して君を裏切らない。
・人間の知恵は無限。成すべきことを成し、勇気と人の声に、私心なく耳を傾ける謙虚さが、知恵を育てる。

- 出月を待つべし、散る花を追うことなし。
- 花は香、人は人柄、人柄を磨け。
- 他人を喜ばすために、身だしなみを整えよ。
- 腹式深呼吸は、自律神経のバランスを整え、身体をリラックスさせる。交感神経と副交感神経のバランスを整える。
- 人生山登り、高く登れば遠くが見える。
- 人は教えによって人となる。
- 「人間はもともと悪である。だから教育が必要なのだ」荀子
- 人間の区別は上品か下品。上品でない人は下品。
- 褒められた人は褒められた方に向き、好感を持つ。
- まず勝ちて、しかる後に戦え。準備に抜かりなし。
- 道は、心を定めて希望を持って歩むとき開かれる。
- 努力はしなければならないが、報われるかどうかは天が決める。
- 健康も不健康も、自分の生き方・選択次第。
- 学問は、目学問・耳学問・体学問。最も大切な学問は体で学ぶ体学問。体学問の

少ない人間は粘り・耐える力・抵抗力・根性・精神力が不足し、安易に流される。

- 家庭は最大の学校である。躾は家庭で行え。
- 何事も死ぬ気でやれば、必ず道は開ける。
- 健康管理は嘘をつかない、裏切らない。
- 人間の体は本来、病気にならないようにできている。
- 酢（有機酸）は、乳酸を取ってくれるから身体が柔らかくなる。
- 健康は呼吸で決まる。三段階の呼吸　肺腺呼吸・胸式呼吸・腹式呼吸　努力呼吸も必要。努力呼吸が最も大切。
- 免疫は、自己と異物を認識し、異物を取り除く。
- 鼻呼吸は良くて、口呼吸は良くない。短気の人・キレる人は口呼吸が多い。
- 魚を食べるとキレにくくなる。魚油に多く含まれるＤＨＡドコサヘキサエン酸の消費量が多い国ほど、殺人事件が少ない。
- サイモントン療法　放射線医師　癌に放射線治療が効く人と効かない人がある。効く人は明るく陽気な人、効かない人は暗い人。暗い人は治り難い。笑いは免疫力アップに繋がる。

・もう50歳ととらえるか、まだ50歳ととらえるかで人生が変わっていく。
・虫よ虫、五節草（稲）の根を絶つな　絶つと我も共に枯れなん。
・大体初対面の時、おいしい言葉で語りかけてくる人間は信用できない。こういう人に限って、胸元に引き寄せては突き放す。
・たったひとりしかいない自分を、たった一度しかない一生を、本当に活かさなかったら、人間に生まれてきた甲斐がない。最高の生き方をしよう。
・どんなにいい教えを受けても、どんなにいい話を聞いても、その人の受け止め方・活かし方で人生が変わる。
・迷いとは心がふたつになることである。悟りとは心がひとつになることである。迷わず前向きに突き進め。
・花も実も根のお蔭、人間にも、根っこがある。それは考え方だ。考え方が正しくない人は根っこが腐っている。
・自我の強い人は、己の我儘が強い。
・人には、毎日惜しみなく褒め言葉を使え。
・お前の道を進め。人には勝手なことを言わせておけ。

・道徳と歴史を学ばずして精神を建てることはできない。人は向学心と向上心だ。
・人間、死は避けられないが、死を伸ばすことはできる。伸ばす工夫をせよ。
・腹八分に医者いらず、腹十二分に医者足らず。
・楽すれば、楽が邪魔して楽ならず、楽せぬ楽がはるか楽々。
・言葉が人を育て、生かし、伸ばし、広げ、勝たせ、大人物を作る。

「人間はもともと悪である。だから教育が必要なのだ」　荀子

16【守ってくれ俺の小言】

一　朝は機嫌よく明るい笑顔と挨拶からスタートだ
　　人に腹を立てるな！　人はいつも喜ばせてやれ
　　人の喜びが己の誠の喜びだ

二　恩は早々に返せ　人に恩を売るな

三　働いて儲けて世の為、人の為に使え

四　博打は絶対にするな！　後で泣くのは自分自身だ

五　タバコは吸うな！　タバコ1本5分30秒、命を削られる

六　自ら過信するな！　素直と謙虚さが大切
　　何事も身分相応　無理なことはするな
　　ダラリの三原則　ムダ・ムリ・ムラ

七　失敗して言い訳したり、泣き言を言うな
　　失敗は成功の一歩と心せよ

八　人の苦労　困った時は積極的に手助けせよ
九　年寄りはいたわれ！　年寄りには喜びを与えよ
十　初心は忘れるな！　老いても初心を思い出せ
十一　人に頼まれたら快く引き受けてやれ
十二　借りてまでは使うな！　特にお金の貸し借りはするな
十三　義理を欠かすな！　人の喜びは己の喜びと思え
十四　人に嫌がることを言うな！　褒め言葉を多く使え
十五　貧乏を苦にするな！　毎日、楽しく元気に明るく生きることが大事
十六　周囲には万事、気を配れ！　目配り・心配り・思いやりが最高の人物だ
家庭内はいつも笑って暮らせ！　笑えば必ず運が向いてくる
笑いは最高の心のジョギングだ
十七　若い時、流さなかった汗は年老いてから涙になる
心して毎日暮らし、前向きに生きよう!!

若い時に流さなかった汗と、苦労をしなかった人は年老いてから涙に変わる

第3編　武士道――教育と実践

1【剣道　武士道のはじまり】

一　今から８００年前の１１９２年頃、源頼朝が現 鎌倉市に鎌倉幕府を開いた時からと言われている。武士の心得として「勤倹尚武」勤勉で節約を重んじ、武勇を尊ぶことを奨励した。

二　武道で大切なことは、技術の向上だけでなく、正しい心と強い心を身につけること。克己心（自分に勝つ心）平常心（不断の心）

三　相手を立てての打ち込み10の心得

①　正しい姿勢で打ち込むこと

②　足捌きと体捌きを自由自在にすること

③　正しい構え。構え手を置く所を自分なりに研究すること

④　相手との間合いの研究。相手の手に触れる所は間合い

⑤　呼吸の使い方。攻撃の時は大声で気合と共に息を吐く

⑥ 常に気力と体力を身に着け、ベストの状態を保つ

⑦ 攻撃には、速さ・強さ・極め（一点に力を集中する）を作る

⑧ 気挙足体一致の攻撃精神と技量を身に付ける。

⑨ 習得した技の応用・活用を生かす。自分の得意とする技に磨きをかけてゆく。

⑩ 自分の体を常に軟らかく使う

「武士道が日本国民に活力を与える精神であり原動力である」　吉田松陰

2【武士道精神とは】

山鹿素行によって集大成された哲学であり倫理思想

山鹿素行は「武士道は私利私欲を去って義を貫く精神」と説く。山鹿素行の後を受けた吉田松陰先生は「武士道は士道となり、天下万民を守るべき道徳的規範」とする。元々武士道は「武士の掟」。生活規範であるという吉田松陰先生の後を受けた乃木将軍は乃木精神として健康で礼儀正しく情操豊かな思いやりのある人間を育てることを説いている。

武道上達の五条件

一　いい師匠に就くこと「正師を得ざれば学ばざるにしかず」

二　一所懸命に努力をすることにある「努力に勝る天才はなし」

三　工夫をすること「工夫なくして成長なし、無駄のない稽古をすること」

四　「当たり前のことを当たり前にやる」

五　強くなりたければ心を鍛えよ　気を強く育て、心を練り、闘争意欲を持つ

人づくりは武道教育によって覚醒される

3【武士道とは武士階級のノブレス・オブリージュ】

一　武士道の始まり　戦闘におけるフェアー精神　お互いの決め事から始める

二　第一は仏教である。武士道の思想は仏教である

三　禅という黙想により心を静め人を落ち着かせたのである

四　世俗的な事柄を忘れ、人の心を調和させることを仏教から学んだ

五　第二の教えは神道から愛国心と忠誠心　特に先祖と天皇を敬愛した

六　第三の教えは儒教　孔子の教えである　道徳的教義である

七　孔子の教えは父と子・君主と臣下・夫と妻・年長者と年少者・友人同士の五つの基本を教えた

八　孔子の後の儒学者・王陽明学　陽明は「知行合一」の教え

九　知ることと行うことは同じ。行動を伴わない知識は未完成である

十　仏教・神道・儒教を取り入れて、男らしい武士道に作り上げた

4【今こそ生かせ、武道精神】

一　武士道精神とは、儒教の仁・義・礼・知・信が中心である。仁とは、思いやりと人に優しいこと。義とは、正しい行い・自分に厳しい行動である。礼とは、他人を敬い尊敬する思いやりを形で表す動作である。知とは、正しい考え方と判断力、信とは、嘘をつかず約束を守ること。

二　武士道は、日本の象徴である桜花にも勝る、日本の土壌に花開く固有の華である。（敷島の　大和心を人問わば　朝日ににほふ山桜花）

三　倫理道徳を身につけ、高き身分の者にともなう義務である。

四　かつて日本は美しい国といわれ、かつて日本人は礼儀正しい民族と言われ、世界の人々から尊敬の念で見られてきた。

五　豊かさと便利さだけを追い求めてきた現在、このままでは必ず天罰が下るであろう。

六　新渡戸稲造の武士道は、勇猛果敢なフェアプレイの精神、不正や卑劣な行動を禁じ、正義を遂行する精神である。

七　武士の士は、清廉にして志に生きる者。

八　各国における精神は、中国は「士太夫」、西洋は騎士道、イギリスは紳士道、フランスはノブレス・オブリージュ　貴族は義務の道。日本は武士道である。

九　西郷隆盛は敬天愛人の言葉で、「道は天地自然の物にして、人はこれを行うものなれば、天を敬するを目的とす。天は人も我も同一に愛し給うゆえ、我を愛する心を持って人を愛するなり。人を相手にせず、天を相手にせよ。天を相手にして、己を尽くし、人を咎めず我が誠の足らざるを尋ぬべし」。

十　至誠とは、儒教の最善の徳で最上の真心を尽くすこと。（百術一誠にしかず）百の戦略でもひとつの誠にはかなわない。空手道で言う『誠の道を守ること』である。

十一　福沢諭吉は独立自尊の中で、独立の気力なき者は必ず人に依頼し、人に依頼する者は必ず人を恐れる。人を恐れる者は必ず人にへつらう。

十二　武士道は滅私奉公の精神、他の者に対する情を持ち、私に奉じず公に奉じる。自分の為でなく、世の為・人の為に尽くす。私心を捨てて公の為に尽くす直心。

十三　武士道を確立した儒学者・山鹿素行は、武士道の精神で常に自分を顧み、主人を得れば誠心誠意使え、同僚には信を持って接し、独りを慎んで義をもっぱらにする事を説いた。これが忠信義の教えで自分を鍛える人間形成道である。空手道の人格完成に努めることである。

十四　山鹿素行は家光の時代、会津藩士の子として生まれる。幕府の官学である朱子学を批判して江戸を追われ、赤穂藩へ預けられる。

十五　内村鑑三は、武士道は人の道、キリスト教は神の道と説く。武士道ある限り日本は栄える。武士道こそ正義、勇気・恥を知る文化である。空手道も誠を正す武道の精神である。

十六　西国立志論に曰く、天は自ら助くる者を助く。独立心を持て、正直であれ、勤勉であれ、誠実であれ、誠心誠意を尽くすことである。

十七　山岡鉄舟は、武士道とは武士のみにあるものではなく、天下万民皆が守るべき日本人の倫理道徳であるという。

鉄舟二十訓

＊父母のご恩を忘れるな　＊人の恩を忘れるな　＊師の恩を忘れるな　＊腹を立てるは道に合わない　＊いつ誰に対しても客人に接する心掛けであれ　＊学問や技芸は富や名声を得るためにするものではない、己を磨く為にあると心得よ。武士は民の師表であり、指針であらねばならない。日常身を慎み、廉恥を忘れず、どんな時でも平安を守ることを要すると説き、武士道の息吹と日本人の精神文化の担い手である。正義・廉恥・礼節の始まりである。礼儀を思んずる事。

十八　河井継之助は長岡藩の家老。継之助の精神は、何事も義であり利害損得ではない。いかに人間として恥ずかしくない行動をとったかである。義とは、人間として正しい道。安危を問わず、打算に走らず、志に生きる。志こそ成功への道である。

十九　人として正しい行い　義

道理・物理・物事が理にかなったこと。人間の正しい道、正義・大義・節義・

忠義・仁義・信義・義理・義務・挙正道が誠の道。

二〇　義を見てせざるは勇なきなり

勇気とは、正しいこと・勇ましい心

勇ありて義なきは乱をためす

獅子は我が子を千尋の谷に落とす

誰もが自らの保身を考え、言わねばならぬことも言えず、長い物に巻かれろと誤魔化している。勇がないからである。世に悪がはこびるのはこの為である。義を遂行する為精神修養を行い、空手道の鍛錬と胆力・気力を積んで勇気を育てることである。

二一　気力・勇気是道

武という字は戈（ほこ）を止めると書く。沢庵和尚は技は末、心が本と教えた。強くなりたければ心を磨け。

二二　礼とは、社会の秩序を保つための生活規範、畏まって拝すること、謝意を表す言葉。礼は、他人に対する思いやりを目に見える形で表現する事。礼の本質は相手を思いやること。相手の身になってともに分かち合う精神。

二三　礼を忘れ、自由を身勝手と履き違え、権利には義務が伴っていることを忘れている。三尺下がって師の影を踏まず。「義をもって事を制し、礼をもって心を制す」

二四　礼節とは、風俗に品格があれば、その国の勢いは盛んになるが、低級になれば衰運に向かう。世の盛運は社会の風俗次第。言葉の乱れは世の乱れ、服装の乱れは世の乱れ。

二五　誠の道を守ること

誠は武道の至高の徳。誠とは誠実のことである。人は、誠を尽くすことにより、人から認められる。

二六　誠は天の道なり。誠を思うは人の道なり。至誠にして動かざる者は未だこれあらざるなり。誠ならずして未だよく動く者あらざるなり。吉田松陰先生

二七　家康は、戦術で裏切り者も必要であるが、裏切り者は結局はまた裏切るという。長い目で見れば忠誠こそ誠の道で、成功の秘訣である。誠の道が最も正しい道である。だから、誠の道を守ること。

二八　廉恥心　人に笑われるぞ、体面を汚すな、恥ずかしくないのか、自分の行動

は自分で責任を取れ、人のせいにするな。

二九　動物として生まれた「人」は教育によって「人間」になる。人格完成に努めよ。

三〇　教える人、教師とは「人間を作る職業」のはずである。教育者というものがいかに人に影響を与えるか考えよ。

三一　教えるものが知性ではなく、品性品格を頭脳ではなく心性を私を作ったのは父母である。私を人として育てたのは教師である。教師の責任は大きい。

三二　人格もなく学識も乏しく、ただ教師という名のサラリーマンになり下がった労働者。こうした教師には人間の魂の教育など所詮無理だろう。武道・空手道を学び、人間をつくる職業に教師も切り替えるべきだろう。

三三　諭吉は個人の独立があってこそ国家の独立はあると説いた。自立の精神を養うこと。自立こそ子供も老人も最も大切だと思う。

三四　空手道は術を通じて、道に至る。心身の鍛錬が人生万端の基礎を作る。

三五　自分の身体を修めんと欲する者は、まず己の心を正す。心を正さんと欲する者は、その意志を誠にする。誠の欲する者は智を致すにある。智を正そうとする者は格すにあり。

三六　文武両道を叫んだ人は、日本の陽明学の開祖中江藤樹である。侍たる者が儒教をそしり、儒学をする者は士の技ならずなどといえるは、誠に無下に無案内なることなれば、是恥を知るべし。

三七　経済至上主義だけでなく武道精神で我が国を建て直そう。

三八　武士道の本質とは、至誠。「至誠」とは儒教の最善の徳で、最上の真心を尽くすことである。至誠通天　至誠一貫

三九　身はたとえ武蔵の野辺に朽ちぬとも、留め置かまし大和魂　松蔭

四〇　道は心を定め、勇気と希望を持って歩む時、開かれる。

四一　今日の自分は昨日の自分とは違う。変えてはならない基本は徹底的に守り、変えるべき点は変えないと生き残れない。温故知新　以って師たるべし。

四二　本物の人間とは、言っていることとやっていることが一致している人間。謹言慎行・謹厳実直

四三　空手道の試合に勝つことも、昇段審査に合格することも、大事ではあるが、空手道奨励の手段であって目的ではない。

四四　道に志し、孝を尽くし、徳を養う　中江藤樹

目的ではない目的は、自分に負けない頑張りや精神と人間形成と心の育成にある。

四五　何事も教わるだけでなく、教わったことを生かすことである。

四六　経験することではなく、経験を生かすことである。　経験は生みの親

四七　ひとつの国が滅びるのは、戦争によってではなく、天変地異でもなければ、経済的破綻によってでもない。国民の道徳心が失われた時、その国は滅びる。今こそ武道精神を生かせ、虚弱な日本人。

四八　白字に赤く日の丸染めて、ああ美しや日本の旗は。朝日の昇る勢い見せて、ああ勇ましい日本の旗は。大和民族としての誇りを持て日本人。

5【誠の実践に生きる是道なり】

人間、生きて行く為には学力・知識は大切である。

心を育成し、人格を形成する芯作りが土台となるからだ。

しかし、学力・知識は大抵雑学程度でしかない。雑識・雑学は人間の人格を形成し、意思統一にする力にはならない。色々苦な知識を積み重ね、実践経験を体験し、人間的修行を重ねることで見識が身に付く。

見識は、物事を判断する基準になり、判断した物を実行・実現してゆく勇気・度胸・前向きな姿勢が胆識を生む。

いくら知識・見識があっても実行しなければ日頃の生活も実業も成功することは出来ない。

空手道精神を以って自分を練り鍛え、実践の汗の中から活学し、文武一徳が実践に生きる道である。

6【指導者　将の条件】

一　一国は一人を以って興り一人を以って亡ぶ
一つの国はどういう将がいるかによって発展もし、滅びもする。組織クラブも指導者次第。将の役割は重大である。日蓮の長の一念長として立つ人間の思いによってすべて変る。

二　その身　正しければ令せずとも行わる
その身　正しからざれば令すれども従わず。指導者が正しい事を一生懸命行っておれば命令しなくとも人もその通り行う

三　将は勝つことを以て本旨とせよ。成功することを導くこと。
負けることもあると軽い考えの人は、その立場から去らねばならない

四　将は常に自らを修業修行し、自ら厳しい姿勢で望まなければならない

五　その組織クラブに属する人たち全員の意欲と能力を発揮させる、人望人徳を持たねばならない

春風を以って人に接し秋霜を以て自らを慎む
戦略戦術を立てる能力も判断力
決断力も実行力も根底にあるのはその人の知力である

教えて喜び育てて　喜び成長を見て　喜ぶ人の喜びは
己の誠の心の喜びが　指導者将の一念

7【呉王の逸話に学ぶ不安と恐怖の利用法】

孫武は呉王に招かれたときに試しに練兵を見せてくれと言われ、宮中の美女１８０人を集めて戦いをすることになった。呉王は孫武の軍師としての実力を試したかったのだ。

孫武は隊を二つに分け、王のお気に入りの姫を二人隊長にした。戦いの太鼓を鳴らし右へ向けと注意したが、女達はゲラゲラ笑い出した。孫武は戦いの説明を何度も繰り返し、再び太鼓を鳴らしたが美女達はゲラゲラ笑うばかり。孫武は言った。

さきほどは私の落ち度であったが、今度は違う。号令通り動かないのは隊長の責任である。手にしていたマサカリで二人の隊長を斬り殺そうとした。

呉王は二人のお気に入りの姫を斬らないでくれと頼んだが、孫武は「この部隊の将は私です。将が軍にあるときは王といえどもお受けできない」と言うや二人の隊長を斬り捨ててしまった。

そうして彼は、次の美女を後任の隊長に任命し太鼓を鳴らして号令した。今度は美女達は整然と行動し、一糸乱れぬ統率を見せた。
孫武は失うものをイメージさせた。だから美女達は必死になったのである。

人は失うことを恐怖に思う　生・老・病・死も同じだ

8【孫子の兵法を空手道と生活に生かす】

一　生き残れ！　必ず生き残れ！　そうすればチャンスは巡って来る（続けることの大切さ）
二　成功体験ではなく、失敗に学びを求めよ
三　安心が欲しい時こそ、新しいことに挑戦せよ
四　戦いのことを思い描いて、徹底的に準備せよ
五　勝つことが当たり前になる世界を目指せ
六　たぶん大丈夫！　という甘い判断をしない
七　壁が高ければ壁の切れ間を探してみる。相手の弱みを探せ（商法も同じ）
八　常に別のやり方はないか、問い続ける
九　もう一歩踏み込んで、相手の本質を見抜く（相手の弱さを見いだせ）

自分を変えることが出来るのは自分しかいない。

貨幣とは鋳造された自由である。

9【人格完成に努めること】

色々な教えを学ぶことで道を知り、その道に沿って行くことで人格を完成して行くものである。

一番先に山を登った人が、後から来る人達の為に自分が通った所の枝を折って目印に置いて行くことを枝折と言う。

この道を通れば大きな間違いはないぞ！の教えである。「道を修むる之を教と謂う」「天の命ずる之を性と謂い、性に従う之を道と謂い、道を修むる之を教と謂うなり」

すべてにおいて世の中にはルールがあり、そのルールに従って自分の道を行くことが大切である。私利私欲を捨て誠の道を守ることこそ、この世の中に生を受けた者の努めである。

10【空手道育成方針】

一　礼儀正しい子供を育てる。
二　忍耐と根性・精神力を養い努力をする子供を育てる。
三　思いやりのあるやさしい心を育てる。
四　敏速で積極的な子供を育てる。
五　集中力を養い学力の向上を目指す。

空手道修業・育成により

一　礼儀正しい子供に育つ
二　苛め、非行に走らない
三　積極性と明るさが育つ
四　将来への大きな自信になる
五　集中力が身につき学力が向上する

六　気力と精神力・心の豊かさが育つ
七　知的感性が身につく
八　修業により人にやさしい思いやりが身につく

【道場訓】

一つ　人格形成に努めること
一つ　誠に道を守ること
一つ　努力の精神を養うこと
一つ　礼儀を重んずること
一つ　血気の勇を戒めること
空手に先手なし

11【空手修得一志一道】

一　空手道は礼節を重んじ勇武の精神で自分に勝つ忍耐を育てる修養法である
二　道場は自分を磨き礼儀作法を重んずる情操を養う実践道である
三　戦いは自分の身を守るより捨て身を持って相対し、前に前に前進あるのみである　虎穴に入らずんば虎児を得ずの心持ち
四　五輪書の水の巻「常の心に替わる事なかれ」戦う時は普段の心と少しも変わってはならないとある（常の心）
五　ゼロの状態でなければ１００の力は出せないと心せよ身体のどの部分にも力みの抜けた状態がベスト
六　ゼロから瞬間１００の力を出すのが極めである
七　空手修行に求められるものは真摯に取り組む姿勢と求道の意志の覚悟が大切
八　勝負の鉄則は、迷ったら思い切り相手の中に飛び込むこと神道無念流のたんだ踏み込めが勝を征す

12【空手道修行で生かす言葉】

一　この道より我を生かす道なし　この道を行く　空手道

二　知って行わざるは知らずに同じ

三　礼儀・挨拶は人を大切にするその人の心

四　気を引っ張っていくものはやる気・負けん気・根気

五　耳に逆らう忠言を素直に聞ける人が成長する

六　三つの心で魂を充実させようマインド・ハート・スピリット

七　子供を育て指導する時は３つ褒めて１つ叱れ　褒めてから叱ると不思議に腹が立たない

八　人を指導する立場の人
①成長を褒める　②期待をする　③目標を常に持たせる　④頑張り優勝した人の情景を頭の中で描かせる　⑤その人の将来の利益を話す

九　自分の体験・経験から得たものは人に感動を与える

十　自ら難行・苦行に励もう
老子曰く
＊上士は道理のある話しを聞くや「なるほど」と納得し直ちに実行に移す
＊中士は「なるほど」と納得はするが実行しようとしない
＊下士は「そんなこと出来ない」と聞かず
＊他人の為に尽くしていれば自分も必ず恵まれて行く

十一　空手道育成は教え込むだけでなく　相手の特徴を引き出すこと

十二　勝った試合から学んだ事はなかった　負けた試合からおおいに学べ

十三　必ず勝つ　たとえ勝たなくとも必ず負けない精神が必要

十四　素晴らしい型を行うには素晴らしい心を作らなければならない

十五　我々道人が生活する上で避けて通れない事がある　返事・挨拶・後片付け

十六　何事も続かない人　うまくいかない人は今度今度・その内その内が多い　行住坐臥に学べ

十七　伸びる人は終始努力し　行きづまる人は気づかぬ所で怠けている

十八　勝利を収めるには奇策の運用、つまり変幻自在な戦い方にも熟達しなければ

ならない

十九　戦いには勢いがなければならない　戦い上手は何よりもまず勢いに乗ることを重視しなければならない

二〇　眼は己を信じ　耳は他人を信ず

二一　空手道を通じて豊かな人間形成を図り　社会の平和と繁栄に貢献すること

二二　やらされる三時間よりやる気の三十分

二三　世の中の浮かばれない人間には二通りある　最初から駄目だと諦めている人と途中で駄目だと諦めて投げ出す人である

二四　常に先を見ない者は常に現実で遅れる

二五　我行精神　我が道は自らの手で打ち開き　自らの足で踏み締めて行く精魂を打ち込む努力が自立の精神であり　空手道の精神でもある

二六　人生は努力をした人に運という橋を掛けてくれる

二七　花は一瞬にして咲かない　大木も一瞬にして大きくならない　一日一日夜の積み重ねの上にその栄光を示す　一歩一歩積み重ねた上に咲いた花であり結んだ実である

二八　礼の始まりは報恩感謝の精神

水を飲む時には、その井戸を掘ってくれた人の恩を忘れない訓えからきたものである

13【人間形成　空手道】

空手道は人間形成への道であり、勝負だけを究極とする武術ではなく、組織的に手足を鍛錬訓練し、身体のあらゆる部分を生かして武器化し、突き・蹴り・打ち・受けを主体にして、敵を制するものである。

又、護身術であり、修練により精神力の強化を図りながら不屈の闘志と勇武の気風を養う人間道でもある。

修道の精神で、空手道の修練を通じて礼節を学び、厳しい鍛錬によっていかなる難局に対しても毅然と立ち向かい、我が道を切り開いて行く強靭な忍耐力・根性・精神力を養成し、世の為人の為、誠を捧げ役立つ人間を構築するものである。

14【青春の飛躍と空手道】

人はあるきっかけから突然、大きく成長する。立派な仕事を成し遂げた人は、決して小さい時から優れていた訳でもない。

孔子の教えにあるように15歳以降、志を持っているかどうかが、大切とされている。

歴史に登場する人物の中で、坂本龍馬は子供の頃、体が弱く頭も優れてなかったが、思春期に入り剣に目覚め、江戸に出て千葉道場の塾頭にまで成長した。

同じく、西郷隆盛も18歳で農村を見回る見習い役人となり、農業政策に関する意見書を提出し、島津斉彬に認められた。

又、人望が厚かった水戸藩の藤田東湖にも人としての大きさを買われた。

そののち秀才と言われた橋本左内に刺激を受け、人との出会いが大きく成長に繋がった。

福沢諭吉は15歳で漢学を学び、長崎に蘭学修業に出て、大阪の緒方洪庵の適塾に入り、頭角を現した。

そして、吉田松陰は天才と言われていたが、脱藩して東北の旅に出掛け、知識・学問・武士道精神を学び取って、価値ある人間と言われるようになった。

これを、哲学者ジャン＝ジャック・ルソーは「第二の人生の誕生」と呼び、作家・評論家シュテファン・ツヴァイクは「青春一度限りの飛躍」と名付けた。

少年があるきっかけで、境目を突破した時、世間が認める人間になる。

最大の飛躍のきっかけは、修業中の空手道の友人と巡り合い、自分自身を磨き、チャンスを生かす事である。

青春の三年間、空手道修業に学んだ事で大いに躍進し、価値ある自分を育てて行こう。高校三年間の空手道の訓練、習練をする皆さんへ送る。

15【空手道を通じ今子供達に何を教え伝えるべきか】

一　人間に弱い・強いの区別はない。弱い人間がいるとしたらそれは自分が弱いと決め付けているだけ。勉強もそうだ。何事も決定しないことが成長する。

二　プレッシャーに弱い人は、小さい時に人前でプレッシャーを感じ思うように力が出せなかった経験をしたため、次に同じ様な場面になった時、脳がその情報を元に状況が同じでまたうまくいかないのではないかと考えて硬くなる。これを繰り返すうちに自分はプレッシャーに弱いと決め付けてしまう。人間、成長と共にプレッシャーを打破せよ。

三　プレッシャーはマイナスイメージではない。自分を高めていく為の大きなエネルギーである。プレッシャーを跳ね除けて大きく自分を成長させよう。プレッシャーは自分を育て、伸ばし、勝たせてくれる大きな財産である。

四　長い人生が幸せとは限らない。短い人生でも満たされた密度の高い満足のいく人生を築こう。

五　人生には必ず苦労や困難がある。必ず失敗や敗北もある。必ず挫折や喪失がある。それをどう乗り越えるかが人生。

六　あの苦労があったから、人間として大切な思いやりや、人の心がわかるようになった。あの失敗があったから、他人への優しさが身についた。あの挫折があったから、感謝の心が育った。あの不運があったから、日頃の注意力が身に付いた。

七　「あの苦労・失敗・挫折があったからこそ」と言える生き方をする。その為、苦しみや悲しみや寂しさも味わい、そうして今日の私になりましたと自信を持って言える人になろう。

八　願望は、強く願えば必ず実現する。人生の成功を目指して頑張れ。夢を描け。そして夢を実現するのだ。

九　心に強く抱いた夢は、必ず実現する。

十　人生も成功ではなく、自分自身を成長させるなら、必ず志す目標に到達できる。成功より成長を願え。

十一　聞こえてくる声に耳を傾ける。この苦労は将来の大きな学びとなる。この失敗は必ず反省をして、次に生かせということである。この挫折は成長過程においても大切な財産となるであろう。声に耳を傾けることは、その意味を心から謙虚に考えること。

十二　人間、不運な時こそ、今立て・今を逃がすな・今をおいて他に時はない。今こそ前進せよである。

十三　目標を持て。志を持て。目標・志のない所にゴールはない。志を持つ者だけに聞こえる声。志を持つ者だけが理解できる意味がある。

十四　あと1年と、あと40年の命とどう違うか。1年にしても40年にしても地球の誕生からすればほんの一瞬にしか過ぎない。我々80年90年の人生など一瞬にしか過ぎず、短い時間だ。かけがえのない1日を大切に、後悔しない時を過ごそう。それが人生だ。

十五　人生において必ずやってくる死。何時やってくるか誰にも分からない死。明日やってくるかもしれない死。人生において与えられた1日1日を大切に生きていく密度の濃い生き方が大切だ。

十六　我々の目に見えない砂時計。その砂がすべて下に落ち切った時、命は終わる。

残された砂の量は見えない。落ち切ったかどうかも分からない。暗闇を見つめた生き方をせよ。

十七　人生で最も密度の濃い人生は、１日24時間を生きるのではなくて、一瞬一瞬を生き切ることである。

文武両道は、車輪の如し。一輪欠ければ人を度さず。　足利尊氏

16【立腰教育・立腰姿勢】

一　日頃から立腰を心がける事で精根・意志力・集中力・持続力・実践力を涵養し人間の基盤づくりになる

二　医学的にも身体を統一する心身統一法（セルフコントロール）になる

三　立腰を心がける事により、正しい姿勢と呼吸がよくなり頭もスッキリし、元気な身体の基になる。姿勢が、自分の我がまま気ままに勝てる心を作る。

厳しい世の中でも乗り越えて行ける気力・体力・忍耐力が身に付く。

立腰は子供の時から心がけ、一生大切にしなければならない生き方である。生き方はその人の姿勢に有り。

17【姿勢―姿勢の勢は意気生い】

精神が充実しなければ、正しい姿勢にはならない

姿勢とは……

一　背骨が真っ直ぐに伸びている。

二　頭がその上に正しく乗っている。

三　全身がリラックスしていること。

四　すべての技を奥歯で噛み切れ。「神道無念流の極意」

五　強気を論ぜず、正しきを説くべし。

六　人間の姿勢が正しくなればその心も正しくなり、その中に収まっている五臓六腑も正常に機能し、絶対に病気にならない。

七　人間は常に心を正し、身を正し、行いを正し、健体康心は不老長寿の秘訣。

八　正が邪に勝ち、真が偽に勝つ事を自得せよ。

九　平和なこの時代に、人に対して「打つ・突く・蹴る」など野蛮な行為。しか

し、空手道ではそうした行為を全身全霊を込めて「技」として磨き上げ、身に付けるよう努力することが平和を保つ。

十 一触即発の関係などないほうが良い。いかに平安を望もうとも危機は期せずしてやってくる。そのような危機に遭遇した時「平常心」で乗り切れるよう気力・体力・精神力を養成するのが空手道である。

十一 何事も真剣な勝負の場で、身法・技法・心法の三位一体の働きを体得させる体系が「型」であり、その「型」を創り上げた人が流祖である。

十二 自分に対して、強大な圧力をかけてくる相手との稽古はとても良い勉強になる。強い圧力をかけてもらい、自分の心身性、内的統一性を崩さない。我慢出来る精神力を、養い育てるからである。

十三 身の安全を保つには身を捨てること。積極的に前に出て身を守る。剣術の古歌に「切り結ぶ刃の下こそ地獄なれ、身を捨ててこそ浮かぶ瀬もあれ」

18【教育―教は教える、育は育てる】

一　子供は、５歳までに全てのものを習い終える
二　子供は、親の教えより行為を真似る
三　人は志を立てて努力をするならば、きっと成功する
四　親の有り難さに気が付いた時、子供から大人に脱皮する
五　朝は希望に起き、昼は努力に生き、夜は感謝に眠る
六　志と心構えは、最高の能力（知識と技術は客車、志は機関車）
七　自分の人生は、価値高く活かす（巧言令色鮮し仁）
八　明治から昭和にかけて、日本人が世界から一目置かれたのは、武士道的な生活規律を持った国民だったからである。規則・規律を大切に
九　個性とは特別な才能　人生は、自分の個性を訪ね歩く旅
十　当たり前のことを当たり前にやると、一流の人間になる
十一　武士道とは、私利私欲を去って、義を貫く精神『山鹿素行』

十二　士道となり、天下万民を守るべき、道徳的規範『吉田松陰』
十三　心はどうして出来るか　長い間の苦しみ、努力の積み重ね、耐える力を幾重にも重ね、色々な体験・経験によるものである
十四　愚者の心は口にあり　賢者の心は心にある　口は虎　舌は剣
十五　自分を教育するのは自分、自分を伸ばすのも自分、自分を作るのも自分、自分を動かすのも自分、自分を生かすのも自分、自分を勝たすのも自分、すべて自分次第　人のせいには出来ない　世の中のせいにするな
十六　自分に大切なことは自信を持つこと。自信を持つには自分を前向きに変えること　良い方に変えると周囲が暖かく変わる
十七　頭を鍛える方法は、良い師を持ち・ライバルを作り・目標を作る　目標のない所にゴールはない
十八　憲政の神様・尾崎行雄は、人生の本舞台は常に将来にあり　将来を見ること　と説く　未来志向が将来に繋がる
十九　人は三通り　言われなくても分かる人　言われれば分かる人　言われても分からない人

二〇　人間の最高道徳は愛国心だ　イギリスのウェリントン将軍　国を愛することにより人から愛される

二一　雀はチュウと鳴く　鳥はコウと鳴く　日本の子供が忠孝を知らないでどうする　雀鳥にも劣るぞ

二二　苦しみが自分を大きく育て、将来の大きな財産となる

二三　四磨の位　①教えを守る　②工夫する　③努力する　④努力を続ける

二四　一日の計は明日にあり　一年の計は元旦にあり　一生の計は勤むるにあり　一家の計は我が身にあり

二五　権利と義務という言葉の基本は、自己責任

二六　考え方が間違っていると、どんな努力をしても無駄になる

二七　直感力を養うには、物事をすぐ行う　理解力を養うには物事に関心を持つ

二八　今やれることをすぐ実行すれば、心の負担は消されて行く

二九　他人の為に尽くしていれば、自分も必ず恵まれていく　人の為に尽くせ

三〇　１００日は１日の始まり　１０００日は１日の積み重ね　技術も同じ、成功も同じ

三一　技術や知識や学問だけが能力なのではない　人間の能力の中で最も大きいのは「心の能力」である　心の能力のことを人は、人望・人徳・器量といったことで表現する

三二　踏まれても、根強く忍べ道の草　やがて花咲く春の来るまで　希望を持つ大切さ

人間　元々悪である　だから教育が必要なんだ
「能力」とは自分が持っている能力を積極的に変えられる能力を持った人間

19【将来に向かっての教育方針】

一　常に親孝行を心がける人になれ

二　感謝をする心が育った時、子供から大人に脱皮する

　　志（目標）を高く持ち、向上心・向学心を育てよ

　　目標がない所にゴールはない

三　誇りある自信に満ちた日本人を目指し国際人になれ

四　世の為、人の為に役に立つ人望・人徳・人柄・思いやりを育てよ

五　人から尊敬され、頼りになる人物になれ

六　やる気・負けん気・根気を育て、毎日の生活に生かせ

七　人に対する目配り・気配り・心配りの出来る、幅広い行動力のある人になれ

　自分を育てるのは自分。自分を生かすのも自分。自分を伸ばすのも自分。自分に厳しさを与えるのも自分。自分を勝たせるのも自分。何ごとも自分次第。

20【指導教育方針心がけ】

一　常に親を大切に親孝行を心がける人になれ（感謝する心が育った時に子供から大人に脱皮する）

二　志、目標を高く持ち向上心、向学心を大きく育てよ（何事も目標の無い所にゴールは無い　目標を高く掲げよ）

三　誇りある自信に満ちた日本人を目標にし国際人になれ（日本語以外に2カ国語話せる人間になれ　今日の一字は、明日の二字　毎日一字の学習が大切）

四　世の為人の為誠を尽す役に立つ人望、人徳、思いやりを育てよ（人を思いやるやさしい心が大人物になる）

五　人からいつも尊敬され、頼りになる力強い逞しい人物になれ（花は香り人は人柄）

六　何事も随所精一杯の精神を磨け（日に進まざれば日に遅れる）1日進歩がないと1日遅れる

21【何ごとも教える立場】

一　教える者は自ら学び努力せよ
二　教える者は教わる者の中半とす
三　教える者は教わる者から学び取れ
四　教える者は自ら難業苦行に挑め
五　教える者は誠の道を自ら手本見本として示せ
六　教える者は常に謙虚であれ
七　教える者は教わる者に意見を求め意見を聞け
八　教える者は老えるな
九　教える者は明るさと健康を失うな
十　教える者は将来への夢と希望を持たせることを忘れるな
十一　教える者は過去にこだわらず常に新しい前向きな技術開発と世の為人の為誠を尽くせ

十二　教える者は自ら誠を正し悪を善に変えよ
十三　教える者は温故知新、古き物は残し、新しい良い物は育てよ
十四　教える者は常に相手の立場に立って相手の特長を伸ばし引き出し活用すべし

教える者は自ずと成長すること

22【心血を注ぐ、心骨を揺さぶる】

教える相手に対し、自分の強い思いを伝える気持ちが情熱・熱意・熱誠である。相手も教えてくれる人に対し、情熱を持って受け取るのが啐啄同時の機であり、啐啄とは卵と親鳥の関係、つまり卵が孵る時親鳥にもう割ってもいいという動きと、親鳥がそろそろ卵を割ろうと思う同じ機である。

王陽明の言葉に、滴骨血という言葉がある。師は自分の血を弟子の骨に注ぎ込み、弟子もその血を骨に吸い込むように受け取る。心血を心骨に注ぐ教えの伝授である。

お互いの強い思いであり、教授の極意である。人はいかなる立場であろうと、一念を持って創新する思いが人を育て、人生を創り、歴史を作る。空手道も一志一道に思いを寄せた弟子と指導者であるべき。

23【空手道の特性について】

一　日本の素晴らしい伝統文化である。
二　空手道の技術を学びながら心身を鍛えることができる。
三　正しい礼儀作法を身に付ける事ができる。
四　集中力を生かして学力の向上につながる。
五　相手を敬う心と感謝の気持ちが身につく。
六　素早い動き・対応能力・注意力・判断力が身につく。
七　相手の立場を考え判断し、理解できるようになる。
八　空手の道を通じて、人間形成・心の育成がなされる。
九　交挙知愛　戦いにより人との交わりと人を愛する。
十　継続は力なり　耐える力が付く
忍耐力が育成され、途中で諦めることがなくなり努力を重ねることができる。

24【空手道の技術・技能の習得】

空手道の技術技能の習得は、自らの努力と行動によるものであり、終始一貫やってやってやり抜くこと。これを徹底すれば成功する。

一　技には積極的に磨きをかける
二　自分の技術は自分で作る　指導者の教えは手段でしかない　目標は自分が作れ
三　自分の得意技は自分で磨け。必ず生きる
四　スピードと力強さ。相手への当りを強くせよ
五　技を極めた時は体に覚えさせ、即断即行磨きをかけろ
六　技術は日頃の品格・品性・行動から生まれる
七　よく気が付く者でないと技術の上達はない
八　目配り・気配り・心配り・思いやりを常に心がけ社会性を磨け

25【日頃どんな事に心がけて練習をしたらよいか】

一　休まないこと
二　遅刻しないこと（開始時間15分前）
三　礼儀作法を守ること
四　基本をしっかり身につけ、繰り返し復習すること
五　気力や気迫で相手に負けないこと
六　注意されたらすぐ直すよう努力すること
七　練習だけに気持ちを集中させること
八　得意な技を磨くこと
九　練習を積極的に行うこと
十　他人の練習態度をしっかり見て学ぶこと

克己心→自分自身に勝つ心

至誠一貫→目標を決めたら必死になって一所懸命努力すること

三省→素直な気持ちでいつも反省すること

1. 生きていく為の反省
2. 友達との付き合いでの反省
3. 練習の中での反省

26【通常運動で使っている筋力は60％程度】

人が体を動かすには筋肉を使う。筋肉は筋繊維に神経を通じて刺激を与え、収縮することによって動く。１００％の力を発揮すると骨や体に負担が大きくなるため、必要最低限の60％の力しか出さないよう、脳でコントロールされている。しかし、いざ窮地に陥った時や危険が迫っている時はアドレナリンを分泌し、脳のリミッターが解除され、余力である40％の力が発揮される。練習でどう40％を生かすかは、その人の気持ちとやる気次第である。試合の時は40％力を生かしている。

だから練習は本番と思え！　の教えに従うことである。

27【練習とは】

三気
ひとつ．やる気
ひとつ．負けん気
ひとつ．根気

実践、実践、また実践。
修練、修練、また修練。
やってやってやり通す。
自分がやらねば誰がやる、今をおいていつできる。
やってやれないことはない、やらずにできる訳がない。
やってやってやり通す。
楽は苦の種、苦は楽の種。

努力は実る

努力に勝る天才はなし
後の後悔先に立たず
今日なし得ることは明日に延ばすな

誓いの言葉　礼儀・作法を良く守り、心身を鍛え、空手道の正しい技術と学力の向上に励みます。

空手道の終身の計は修業にあり　生涯稽古臨終定年である

28【勝負の多くは間合いにある】

間合とは相手との距離であるが、一足一腕を基本としているからといって、誰でも一足一腕の間であれば攻撃できるわけではなく、体格・構え・技術・足腕の長さにもよる。その他、色々な条件によって変わり、一定したものではない。

例えば、前挙での飛び込み・突きが得意な人は、遠い間合いを取り、挙足さばきの俊敏な人にとっては近い間合いが有利となっている。つまり間合いというのはそれぞれ異なるものである。自分の間合いがあり、相手には相手の間合いがある。常に自分の得意とする間合いで行うことが、戦いを有利に運ぶ要諦である。それには足の運びや前挙の上手な生かし方が大切である。総合的に前手前足で相手を威嚇し、フェイントをかけ常に主導権を握るようにしなければならない。

勝負の多くは間合いにあるということを心掛け、その離合を極めるよう努力すべきである。

29【試合におけるプレッシャーについて】

心と気の関係は、特に武術の場合「勝負の場において、いかに自分の持てる全てを出し切って、相手を制するか。その為にどうすべきか」

素晴らしい技術を持っていても、いざという時にその力を充分発揮出来る人と出来ない人がいる。プレッシャーを味方につけてより力を出せる人・ほどほどに力を出せる人・全く力を出せない人の3つに分かれる。

プレッシャーからの解放、主に剣術の伝書は気の観点から。

勝ちたい、負けたくないといった不安からプレッシャーとなり、過度の緊張とあがりを生み、心のコントロールを失わせる。そんな時は体からアプローチ（接近・研究法）しようと武術に書かれてあり、意識を何かに集中する為の具体例として次の3つが例に示されている。その重要なことは、

一　足の裏の感覚を思い出す

二　丹田に力を入れる
三　正しい呼吸法を行う
自律神経が安定し、落ち着きが取り戻せるとのこと。何事も実践。意識することにより少しでも試合における重圧を跳ね返す力となればと思う。

セルフトーク
一発必中思い切り
さあこい　さあこい
今だ　今だ
自信だ自信だ
落ちつけ　落ちつけ
大丈夫だ　大丈夫だ

30【大会にのぞむ心構え】

一　固くならず
試合前リラックスとか、落ち着けとか自分に言い聞かせる

二　冷静になる
技を取ったら、審判に挨拶できる位の余裕を持つ。首を横に振る、指を鳴らす、腕をぐるぐる回す動作をしてリラックスする

三　有効な力の配分
弱い技と強い技を出すよう心掛ける。捨て技を使う。思い切り攻める。結果にこだわらない。

四　集中力
集中攻撃・気迫の集中・技に気を乗せる

五　判断力
相手から攻撃されて簡単にさがり、不用意な攻撃はしない

六　チョコチョコ技を出さない

七　一途な強気
相手との目線を、どんなに苦しくても切らない。相手の心と自分の心の縁を切らない。

八　積極的な攻撃
先手必勝。攻撃は最大の防御と心掛ける。技が取れるまで単発に終わらず連続攻撃を心掛ける。

九　燃える
二分間、息を抜かず全力で攻防を繰り返す。一分の隙もないよう心掛ける。空手は気持ちの勝負である。自分の気持ちを乗せる。

十　自分を最大限に乗せて仕掛け攻め込む

十一　絶対に負けないと思う意志と闘志

十二　得意な技を思い切り生かし使え

十三　迷わず積極的に攻め込む
攻撃目標があるのだから目標に向かって突進・速攻・突撃

十四　攻撃は中段に有り　前足から踏み込み　思い切り相手に巻きつけ
十五　相手に弱味を見せない　強気、強気で前に、前に　前進あるのみ
十六　攻撃は最大の防御　自分を守るには攻撃に徹する

戦いは足の裏まで目で見よ　大地を蹴って体で突進

31【集中力】

一　集中する為には、リラックスする事が大切
二　「迷い」は、集中の最大の敵である
三　集中力は精神統一、集中力が切れた時に失敗する
四　勝負は、自分も相手も苦しい中で集中が切れた方が負け
五　一点を見つめることで集中が出来る　しかし全体像を見ること
六　集中は、「今」「ここ」以外は考えない
七　集中力は、目の力を生かせ
八　心と身体の間に流れる気を「心気」　心気力の一致
九　切り結ぶ刃の下こそ地獄なれ　身を捨ててこそ浮かぶ瀬もあれ
十　心と身体は、気によって繋がっている
十一　全身が丹田そのものになる　上丹田・中丹田・下丹田　丹田を生かせば気力が湧く

十二　気足　体挙一致　身法　技法　心法　三位一体

十三　振り向くな　振り向くな　後ろには夢がない

32【護身術―身を守る】

『相手と対峙した時の対策』

一　相手から絶対に目を離さない
二　相手から攻撃されるようであれば自分を守る物を持て
三　相手と向き合ったら気持ちを逃がさない
四　大きな声で話す（段々と声を大きくする）
五　攻撃をされたら物を投げるか、物が音を出すような所に投げる
六　相手に弱味を見せない。強気、強気を示せ
七　親類に色々な人に顔の利く人がいるから相談してみる
八　親類に警察の人がいるなら相談してみる
＊大切な事は自分の身をどう守るか（目構え・気構え・心構え・型の構え）

『自分の身を守る』

一　本

二　日用品

椅子・脚の部分を相手に向ける

臍から下に向けて斜め下に向ける。フワリと投げる

コップなど壊れやすい物は天井めがけて投げ突ける

お盆・皿・灰皿（手首を返すように投げる）

スプレー式殺虫剤は顔に

家庭用消火器　終わったら足元にボンベを投げる

大工道具のカナヅチ（柄の部分を先に向ける）

ボールペン・鍵・ベルト・10円／100円硬貨

自分が身に付けている物　靴・バッグ

刃物には着ている物をパッとかぶせる

＊逃げる時は人通りの多い所に行く

＊自分が身を守る物を意識的にいつも持っていること

33【戦上手】

戦いでの1対1の場において、自分が相手に対して力ずくで技を極めようとすると、相手も力ずくで抵抗して戦ってくる。

自分が不機嫌になると、相手もそれに合わせて不機嫌になるのと一緒で、相手が力ずくであってもこちらが力を抜いて、楽に動ける方向に導くと、相手は自然と動いて受身を取る。自然体で緊張せず、楽な姿勢で構えて戦うと、相手も自然に戦ってくるので、こちらは戦いがやり易くなる。

戦いの秘訣である。

空手道には　技法と心法が有る　技が半分　心の工夫が半分

34【空手道における呼吸の大切さ】

一　呼吸は私たちの命そのもの

二　1日3万回の呼吸で生かされている

三　浅い呼吸は体に様々な不調をおびき寄せ、深い呼吸は人間の持つ自然治癒力を向上させる魔法の呼吸

四　緊張は呼吸を浅くし、リラックスは体を活性化する

五　浅い呼吸は免疫機能を低下させ、深い呼吸は免疫力をアップさせ、活動的になり病気を防止する

六　浅い呼吸の乱れは体の乱れ　深い呼吸は体の動きが良くなり安定する

七　呼吸は体の動きを映し出す鏡である

八　力が入ると体が緊張し、息が入らなくなり呼吸が浅くスピードが出せなくなる

九　力の抜き方で呼吸が変わり、緊張からのロックが外れる

〈精神長息法〉

20秒かけて鼻から吸い10秒息を止める
30秒かけて息を吐く

35【魂を磨き己に勝つ】

空手道の試合で勝つことも大切であるが、勝つことは目標であっても目的ではない。目的は自分自身に勝つことで、空手道を通じ、汗の中から心を育成し、人間性を育て社会性を身につけ、素晴らしい将来への実を結ぶ為のものだ。

我々空手道の戦いは自分との戦いである。苦しくてもそれを乗り越え続けて行くことだ。

肉体の鍛錬と同じように魂の鍛錬は最も苦しい。それには、耐えて耐え抜いて突き進むことだ。形あるものは盗まれる・崩れる・壊れる・消えてしまう。

しかし、目に見えない魂の宝は、不滅である。

どんなに苦しくても、それだけの甲斐と価値がある。

何事も苦しさに耐えてこそ魂の花も実も育つ。

すべての道は基本から始まり
鍛えあげられた基本は　最高の技術を生む
すべては基本

第4編　健康―習慣

1【健康習慣】

・喫煙をしない
・飲酒を適度にするか全くしない
・定期的に激しい運動をする
・適正体重を保つ
・一日七〜八時間の睡眠をとる
・毎日朝食をきちんと摂る
・不必要な間食をしない

アメリカ　カルフォルニア大学　ブレスロウ教授

「百十歳・百二十歳になっても年寄り扱いされないコーカサス地方の人達の健康の秘訣は」

・良く働くこと

・皆でよく歌うこと
・狩りに行って歩き回ること
・友達と酒を飲んで騒ぐこと
・人を愛し、自分を愛すること

社会医療法人　原土井病院　理事長　原　寛
「生活の悪い習慣を防ぐ10の方法」
・喫煙をしない
・飲酒は適度な量で（一日ビール３５０ml　酒0.7合）
・上手な休養を
・食べる量は腹八分目
・肉より魚介類、野菜を多く取る
・カルシウムとビタミンＤ、果物を取る
・塩は控えめに、熱い物にも注意
・植物性の脂質を取る

・よく噛んで食べる
・適度は運動を。一日一万歩ウォーキング

2【禅の教え　ヨガの教え】

禅の教え

丹田を充実させ、頭後骨で天井を突き抜け

ヨガの教え

鼻と臍を結ぶ線が垂直になるようにせよ

一　百歳・長寿に共通するもの

・好き嫌いなくなんでも食べる
・量は腹八分で
・動物性のものに偏らず野菜をよく食べる
・よく体を動かす
・くよくよしない

・和食党である

二　万病一元血液の汚れから生ず

玉葱一個は医者いらず　玉葱一個は医者を遠ざける　玉葱は血液の循環に作

動し流れる動きを良くする

三　生姜なしに漢方は成りたたない

生姜を食べないなんて生姜ない

四　腹八分に病なし　腹十二分に医者足らず

3【健康と空手道】

・健康は体が弱いとか、病気ではないとかだけではなく、肉体的にも精神的にも社会的にも完全に調和のとれた人
・健康の「健」は体が健やか、健康の「康」は心が安らかなこと
『亡くなって知る親の恩、失って知る健康の有り難さ』
・栄養・食べ物に気を遣うことも大切であるが、禅宗の坊さんの食事は一汁一菜で野菜ばかり。しかし、逞しく血色が人より良い
・字を書き、書を読み、考える、頭の栄養　脳への刺激を忘れず
・健康法では植物性は85％、動物性は15％が理想の食事
・海苔の37％は蛋白質、昆布は最高のアミノ酸、大豆は畑の肉、アミノ酸を含んでいる
・全体の食物バランス　穀物50％、野菜35％、動物食は15％が良い

呼吸について

呼吸法は三段呼吸といって『肺尖呼吸』『胸式呼吸』『腹式呼吸』に分かれる
健康な一般の人は胸で行う呼吸、空手道の呼吸は腹式呼吸で深く吸いこんで掛け声と共に吐き出す呼吸
・荘子は「衆人の呼吸は喉を以ってし、真人の呼吸は踵を以ってす」
・深い呼吸を行い、有酸素運動で新陳代謝を盛んにし、不老長寿に役立てよう

【長生きは長い息】
・昔の長寿者も1、2、3と3回息を吸いこんで7回で吐くことを三吸七吸と教えた
・気功は調体・調心・調息の三つを健康3基と教えている
・噛む事の大切さ　物を良く噛むと脳の活性化に繋がり、頭を良くする
『顎力がつけば学力がつく』
・姿勢を正す
何事も取り組む姿勢が大切。身を正し、心を正し、行いを正し、世を正す（四心）

呼吸の仕方がその人の生き方になる

空手道の道と武道精神（正義、礼節、廉恥）を以ってすれば万事において我に師匠なし

・現代医学の正しい姿は
１）背骨が真っ直ぐ伸びている
２）頭が正しくのっている
３）全身がリラックスしている

・正しい歩き方
１）ラインを真っ直ぐ歩いている
２）歩く時、上下動しない
３）リズム感がある

宮本武蔵は「胸を張れ、腰を割れ」と教えている

・昔の武士は襟首によって上体を正し、袴腰によって丹田をしめる姿を教えた
芸道は一日千両の立ち姿　剣道は突っ立ったる身の位（道は正姿の中にあり）
・礼を正す
禮（礼）は豊かさを示す　相手を尊敬し、豊かな心を形で表すこと

水と食事

水と食事が悪ければ胃腸がダメージを受け、吸収された悪い成分は血管から全身の細胞に送られ、悪い影響を及ぼす。良い水と食事は良い影響を及ぼし、良い細胞を育て、エンザイム（酵素）の働きを活発にする

水の種類

軟水、中硬水、硬水、超硬水
軟水は、体に負担をかけずに体内を循環する水
硬水は、体を積極的に動かす水

4【病気にならないために】

一　降圧剤を飲み続けると脳梗塞が起きる

二　日本人は圧倒的に高血圧が多い

三　日本高血圧学会の指針は食事指導と運動指導を行い、３カ月経っても改善がなければ薬の治療となっている。

四　高血圧の人に降圧剤を与えると脳卒中の発生率が下がる。しかし、脳卒中のうち脳出血以外の脳梗塞が、８割を占めることになる。

五　人は生きるため、体を一番いい状態に保とうとする機能がある。自然の状態で血圧を下げる工夫が大切

六　血圧が高くなる人は死亡率が上がるが、低い人もめまいやそれに伴う交通事故・転落死・自殺者が多い

七　認知症は血圧の低い人が多く、高い人は少ない

八　やっかいな癌

九　タバコをやめるだけで20％死亡率が下がる

十　野菜や果物をよく食べる人は食べない人に比べ10年後の死亡率が20％下がる

十一　軽い運動をする人としない人とでは10年間で癌死亡率が20～30％違う

十二　健康診断を受けている人と受けていない人とでは寿命に差がない

５【癌を引き起こす要因】

一　癌は口の中に食物を山ほど入れる食の生活習慣病　食べ過ぎに注意
・癌の35％は、食事が原因　30％が喫煙　15％がアルコールと食品添加物・薬剤　後の20％は公害遺伝などさまざま。オックスフォード大学リチャードドール博士（アメリカ国立がん研究所）
・悪い生活習慣を変えることで癌は70〜80％改善できる
・悪い習慣とは飲み過ぎ、食べ過ぎ、ストレス

二　大腸癌は、加工食材ばかりの弁当やスイーツ、清涼飲料水の飲み過ぎ、野菜嫌いで肉好きな人

三　牛肉や豚肉の赤身の肉アニマルプロテインが癌を促進する

四　癌と闘った医師ゲルソンの療法　癌になる人は絶えずストレスを感じている人が多い　生活習慣の乱れが癌を引き起こす

五　癌になる人の多くは小太りの人、やせている人は少ない　メタボ体質は食生活に注意

六　メタボの人は代謝がスムーズに行われていない。癌の多くは慢性の代謝異常。毎日の運動を心がけ、代謝を促進すること

癌を作るな　低酵素　低体温

6【体温を維持し、健康を保とう】

一　体温を下げると病気になり、体温を上げると健康になる。
二　筋肉を鍛えると体温は上がり、筋肉は増す。筋肉は最大の熱を作り出す器官である。
三　体温を一度上げると、免疫力は5～6倍高くなり、健康を保つことができる。
四　体温が一度低下すると、免疫力は30％低下する。
五　体温が平熱より急に上がるのは、細菌やウィルスが体内に入り込み、その菌を追い出すために熱を発するからである。
六　低体温は、体内を酸化させ、老化を早める。
七　低体温は、健康な細胞を脱落させ、新陳代謝を悪い方向に導く。
八　癌細胞は、35度台の低体温のとき、最も活発に増殖する。
ストレスは低体温を招く。ストレスには、身体的ストレス・精神的ストレス・環境的ストレスなど、いろいろなストレスがある。

・一過性の小さなストレスと慢性的な大きなストレス。
・寝ているときは、リラックスしていて副交感神経の支配下にある。
・働いている時や運動している時は、交感神経が働く。
・自律神経のバランスが必要である。
・人間の平熱は36・5度。平熱36度以下の低体温の人が増えている。
・体温を保ち、毎日を快適に過ごそう。
・低体温を放っておくと、あらゆる病気を招く。
・喘息・アトピー・花粉症・メニエール病・潰瘍・糖尿病・癌・大腸炎や便秘・肌荒れ・パーキンソン病

健康は免疫力から

・人間は病気を治すことも大切だが、予防が最も重要
・ねたみ・ひがみが免疫力を下げる

・血液中の老廃物質を笑いが排泄する
・発疹は回復の兆し
・便秘は免疫力の敵
・生命力を強める赤い色、青い色、黄色の野菜
・病気の大半は遺伝よりも習慣に原因あり
特に美食・酒・タバコ・運動不足の習慣
・愛は免疫力を活性化する。国を愛し、人を愛し、物を愛す心が免疫力を高める
・良く噛む。腹八分目が健康に良い。35回以上噛むのが良い
・自分の病気は自分で治せ。名医は心の中にいる
・人生三大栄養素　①愛　②笑い　③感動
・笑いは心の中のジョギング　良く笑う人は健康で長生きできる人。良く笑う人は癌になりにくい
・100歳になるまで心はいつも10代
・女性の年齢、20進法　40歳は20歳の若い女性が二人分の魅力　30歳は20歳と10歳の少女の魅力

・人は信念と共に若く、疑惑と共に老いる
・意志あれば道あり　健康を気遣うと健康を維持できる
・身体は病んでも心までは病ますな　気で助けよ

7【入浴は最高の健康法】

一　温熱効果・水圧効果・浮力効果

二　入浴は日本人の長生長寿の秘訣

　　男女平均　世界一

三　入浴は血行動体、血液の流れが良くなり、細胞が活性化し元気になる

　・入浴は副交感神経を刺激し、リラックス効果で健康長寿を約束してくれる

　　特効薬である。

四　癌も35度の低体温で増殖し、39・8度以上は存続できない

五　入浴は筋肉を緩和し、痛みを取ってくれる

　・入浴は40度がベスト！

夕食から1時間30分後が理想で、睡眠にも良い

8【我々の体は水で出来ている】

一　人間の体の70％は水分

二　胎児90％　子供70％　成人60％　老人50％が水

三　体重60kgの人はペットボトル18本分が水

水（体液）は唾液・鼻水・尿・涙・血液・リンパ液など

・リンパ液は血液以外にリンパ管を流れている

リンパ球は3～4ml

四　我々の健康維持は、常にウイルスや細菌とリンパ節が戦っているから保たれている

・リンパ液にはポンプのような心臓の役目がない。だから、常に体を動かし、リンパ液の流れを良くする事が病気から身を守ることになる

五　体を動かしたり、深呼吸したりするだけでもリンパ液は循環する

六　リンパ液の流れが悪いと老廃物が溜まり、細胞が栄養失調を起こし、老化が早まる

七　仙骨を動かし、脳脊髄を循環させ、毎日健康な身体を維持しよう

水分は必要であるが　味噌汁も重要
味噌は医者殺し（最高の醗酵食品　アミノ酸）
医者に払う金があれば
味噌に払え

9【体を芯から温め、体内の毒を流す魔法の白湯】

一　胃腸を温めれば体全体が活性化する
二　白湯を飲むと体が軽くなり、気分が良くなる
三　新陳代謝が良くなり、血行が良くなる
四　気持ちが明るく元気になる
五　肌荒れや吹き出物がなくなる
六　肩こりや首の痛みがなくなる
七　物忘れが少なくなる
八　排泄を促進する
九　一口食べ一口飲むと浄化する
十　未消化物は体に冷えを作るので、洗い流すことにより体調を整える
十一　体温上昇により、免疫力が上がる
十二　行動的になる

十三　一日７００ml以上の飲みすぎは栄養を洗い流す

10【食薬天然治療法】

一　梅は昔から薬として重宝されている

二　梅干は疲労回復・夏バテ防止・熱中症予防

三　梅干1個は今日の難逃れ

四　醤油の健胃作用が胃を健康に保つ

五　どくだみ茶は老廃物を出す働きがあり、夏バテ予防の特効薬

六　甘酒は病院の点滴と同じ。夏バテ予防の栄養剤
・甘酒はビタミンB・ビタミンB2・アミノ酸・ブドウ糖が含まれ、飲む点滴と言われている。

七　大根好きは医者いらず

八　大根は咳や喉の炎症を排出する　ガラガラ声は大根で治せ

九　長ねぎはアリシンによって風邪の引き始めに効果あり
味噌・梅干・生姜を加えたものがよい。

十　玉ねぎ1個は医者いらず。炎症・痛み・腫れも引く
・胡瓜の汗は日焼け止め
汗も消炎作用がある。虫刺されにもよい

自然食を知り今日一日健康に!!

11【健康と若さを守る最高のゴボウ茶】

体を若返らせるゴボウ茶の成分サポニン
サポニンとはポリフェノール成分（界面活性作用）
ゴボウに含まれるサポニンが体内のコレステロールや患部に吸着して洗い流す作用

一　ゴボウは肌がきめ細かくなり、抗酸化作用がある
二　老化の原因となる活性酸素を除去し、老化の進行を抑える
・血管をきれいにして血行促進、血液をサラサラにする。また、通じが良くなる整腸作用がある
三　ゴボウには食物繊維イヌリンが含まれており、善玉菌を増やし便秘を改善する
・ゴボウは多年草で吸水力があり、余分な水分を吸収する
利尿作用があり、体のむくみを取り除く

四　ゴボウ茶を飲むと風邪を引きにくくなり、免疫力もアップする
・ゴボウ茶は防菌防虫作用
・創傷治癒作用　荒れた喉を修復する

作り方
・ゴボウを水洗いする（水にはさらさない）
・ゴボウをささがきにする
・天日に干す
・生乾きになったらフライパンで10分ほど煎る
・急須に５g程度入れてよく蒸らす
・１週間以内で使い切る

12【薬草の王様、ヨモギ】

カルシウムは、ほうれん草の22倍　牛乳の12倍　人参の31倍　ビタミンAは牛乳の81倍　ベータカロチンは牛乳の１４７２倍

酵素も13種

一　乾燥したヨモギをお茶にして飲むと糖が出にくくなり、糖の代謝がスムーズになる

二　ヨモギは血液の浄化と肝臓の働きを活発にする薬効がある

三　抗酸化作用により癌の予防効果もある

四　ヨモギは血液の流れを良くするので体温が上がり、免疫力がアップする

・ヨモギの力で繁殖力旺盛

フランスでは王の草と言われ、お茶にして飲み、入浴剤としても使う

五　ヨモギ茶は血行を良くし、肩こり・腰痛・神経痛・リウマチなどの痛みを和らげる
六　冷え性などの保温効果に適している
七　脳や体の細胞の酸化、老化を予防する働きがある
八　発癌抑制因子としてのインターフェロンを増やす働きもある
・汚れた血液を綺麗にする造血殺菌作用
新陳代謝を促進し、抗アレルギー作用がある
九　コレステロールが低下し、ダイエットの強い見方になる

昔からヨモギ餅が　力と健康増進である

13【にんにくは健康と美容に最高の薬草】

一　日本では野菜とされているが、欧米は薬草

二　原産地は中央アジア　キルギス共和国　北アフリカ

・にんにくは切ったり、すり潰したりすると細胞破壊でアリシンが発生し、殺菌作用・抗癌作用がある

三　にんにくは丸ごと食べるより、傷をつけた方がアリシン生成で効果的

・1990年　アメリカ国立がん研究所は、アメリカフーズピラミッドで食品の中で一番の抗癌作用があると発表

癌予防効果野菜　1位にんにく　2位キャベツ・生姜・大豆・セリ科・にんじん・セロリ・明日葉　3位玉葱・茶・ウコン・ごま・玄米・トマト・ピーマン・ブロッコリー・キャベツ

四　アリシンが癌細胞の増殖を抑え、正常な細胞に戻し癌を死滅させる

・抗癌作用　血液をさらさらにする働き、スタミナと細胞の活性化、ウイルスへの効果

五　身近なにんにくで健康増強体力アップ!!

14【老化を防ぎ老化に勝つ食生活】

一　人は何を食べたらより効果的か!?

・オ　サ　カ　ナ　ス　キ　ネ（身体に良いもの）

オ・・・お茶

サ・・・魚

カ・・・海藻

ナ・・・納豆

ス・・・酢

キ・・・キノコ

ネ・・・葱

二　玉葱一個は医者いらず

三　梅干一個は今日の難のがれ

四　お茶を飲まないのは無茶苦茶だ

五　生姜を食べないのは生姜ない
六　ぶどう酒とワインは年寄りのミルク
七　若い身体を作る鮭とブロッコリー
　・鮭は老化防止食品
　・ブロッコリーは抗酸化力アップ
八　リンゴと蜂蜜は腸を綺麗にする
　・リンゴはセルロースとペクチン作用の働き

・エ　ゴ　ダ　ネ
　エ・・・エリンギ
　ゴ・・・ゴボウ
　ダ・・・大根
　ネ・・・葱
胃がむかむかして胃酸が上がってくる
食べ過ぎ、消化不良に良い

15【老化を防ぐアンチエイジング】

活性酸素はあらゆる病気を促進するが、老化も促進する

・活性酸素とは身体に溜まるサビである

そのサビで身体がだんだん酸化し、病気を作り出し老化も促進する

・サビは細菌や異物を溶かす役割を持っているが、過剰になると細胞や遺伝子を傷つけ、老化を早める働きをする

・若い時は活性酸素に対する抵抗力があるが、年齢と共に肌にシミができてきて抵抗力を失う

・活性酸素は紫外線・ストレス・過度な飲酒・食事・喫煙・医薬品・農薬・殺虫剤・食品添加物・排ガスなどが原因

老化予防に効果がある抗酸化食品

カロテン・にんじん・かぼちゃ・ブロッコリー・いちご・キウイフルーツ・レバー・

ナッツ・魚介類・ＶＡ・ＶＣ・ＶＥ

老化は　①酸化・サビ　②肥満　③ホルモンバランス　④免疫力　⑤遺伝子が五大要素である

老化は　酸化・糖化・石灰化

16【若々しさを作り、老けない体を保つために】

・目　目の病気を防ぐには水分補給し、目を洗い目薬をさす
・心　いつも明るく夢と希望を持って行動する
・骨　運動をしたり骨に負荷をかけ、骨密度を上げる
・筋肉　乗り物を避け、歩くこと。エレベーター等を使わない
・脳　脳に刺激を与える。見るもの・聞くこと・話すこと
・口　自分の歯でしっかり噛む。35回以上噛んで、お湯を一口飲む
・内臓　内臓機能を強化するには、食事を大切に考える　内臓に優しい食べ物を選ぶ
・血管　血管が硬くなったり、狭くなったりしないようストレッチで体を動かすことを心掛けること

17【ストレッチの効果】

血管年齢が身体の年齢

一　若々しい肌を作るには血管を若くする
二　若い肌を作るには、古いコラーゲンを追い出す
三　古いコラーゲンを追い出すにはストレッチを行うこと
四　ストレッチをすると血管が柔らかくなり、身体の硬さが取れる
五　硬さが取れるのはストレッチにより血管が伸び血液循環が良くなり、若々しい身体・若々しい肌を作る
六　運動は体温を上げ、機能は高まるがストレッチにはならない
七　ストレッチは筋肉と血管を伸ばし、循環代謝を活性化する

18【皮膚を上手に動かすと身体の症状が緩和する】

・皮膚には、ミカンやリンゴと同じように、内にあるすべての臓器を守る大切な働きがある

・成人の皮を広げるとたたみ一畳ほどあり、重さも約3kg　最も重い肝臓が約2kg　脳が1・3kg　最も大きな臓器である

一　1／3の火傷をすると生命を守れない

二　皮膚は外部からの情報を体に伝える大切なセンサーである

・皮膚の歪みは、筋肉や関節を痛める。皮膚を上手に動かし、ストレッチすることが内臓を守る

・日頃から皮膚を動かしていると、体への負担がかからず怪我をしない
・体を動かし皮膚が動くと､筋肉や関節にストレスが溜まらずバランスが良くなり、全身が活性化する

一　下半身のむくみ、冷え性を改善する
二　皮膚を動かすと腰痛にも効果があり、肩こりや五十肩も改善される
三　外部から体を守るのは皮膚である

19【爪もみ療法で免疫力アップ】

一　体の末端部、手の指先、足の指先を押さえながら痛いぐらい強くもむ

二　指先、足先の末端部は血流が全身を回る時の折り返し地点である

・手足の先端は神経が集中している所
神経の過敏を緩和し血流をフィードバックさせる

三　人間の体の先端部はどこも血流が悪くなりがちである

・爪の生え際、１カ所10秒。症状のある人は20秒刺激する
少し痛いくらい１日１～２回もむと効果

■親指　呼吸器・アトピー・喘息・リウマチ・円形脱毛・癌

■人差し指　消化器全般・胃と腸・十二指腸潰瘍
■中指　耳鳴り・難聴
■薬指　交感神経を刺激する
■小指　循環器系・心臓・脳梗塞・認知症・物忘れ・不眠・高血圧・糖尿病・肩こり・頭痛・腰痛・老眼・生理痛・更年期障害・肥満・自律神経失調症

20【腰痛は自分で治せ、痛みからの解放】

一　痛みは筋肉の緊張
二　筋肉を過激に動かすと緊張し痛みが出てくる
三　筋肉を動かさず圧迫すると、緊張し痛む
四　骨格を同一方向へ長く圧迫すると緊張し痛む
五　痛みは血管の圧迫と筋肉の圧迫

・緊張した筋肉が血管と筋肉を圧迫すると、酸素の供給が不足し乳酸が溜まり、凝りが発生する

一　筋肉を動かさないとカルシウムが筋肉に滞り、筋肉を緊張させる
二　腰部内の筋肉が緊張して縮むと、骨盤の腸骨が上にズレたりねじれたりし骨盤が歪む

・痛みをなくすには緊張した筋肉を柔らかくすること

筋肉から乳酸を取る

一　腰痛患者は腰だけは絶対にストレッチをしないこと

二　筋肉から乳酸をすべて取り除き、筋肉をやわらかくしないと治らない

21【腰まわりの脂肪をとる名人】

一　背中や体幹の筋力を取り戻す運動
二　一日に数回意識してお腹をへこませる（ドローイン）
三　朝起きた時、夜寝る時、数回　臍が背中につくような気持ちで腹をへこませる

・歩いている時、何もしない時、テレビを見ている時、ほんの数分意識して下腹部をへこませる

一　20～30秒、呼吸はそのままましながらお腹をへこませる
二　呼吸と共にお腹をへこませ、そのまま止めておくこと　呼吸は普通にする

・この努力を積み重ねると、たるんだお腹が段々縮んでいく

それは腹の筋肉が刺激を受けるからである

一　お腹の筋肉を増すと、消費するエネルギーは増える
二　姿勢を正しくすることが大切。正中線を伸ばした状態がベスト
三　風呂の中で行うと毎日の習慣になる
四　昔からあった腰痛の予防。理学療法的にも効果大である
五　お腹の筋肉が整うと背骨が伸びて姿勢も良くなる
六　胃腸の調子がよくなり便秘が解消される

・昔からヨーロッパの貴婦人達が大きな強いベルトでお腹を引きしめているスタイル作りである

一　腹式呼吸をすると、お腹の引きしめ効果で循環を改善し、代謝機能を促進する

22【稚拙な行為】

一　腹八分に病なし。腹十二分に医者足らず。

二　癌は食べ過ぎ病。薬より断食の方が病気にはいい。低栄養が動物の寿命を延ばし、腫瘍の発生を抑える。

三　ニンジンとリンゴは約１００種類のミネラルと約30種類のビタミンを含むファイトケミカルの宝庫。ファイトケミカルは免疫力を高める。ファイトケミカルとは植物の「抗生物質」のようなもの。

四　生姜なしには漢方薬は成り立たない。生姜は百邪を防御する。生姜は気を開く。憂鬱な気分を取り除く。気持ちが楽になり、性格が明るくなる。

生姜を食べないなんて、生姜ない。主成分はジンゲロン・ジンゲロール・ショウガオール

一　血液は45秒に１回のペースで全身を回る。

二　現代医療において、診断技術は進歩しているが、治療方法は変わっていない。

三　高栄養を摂れば、病気は悪くなる。手術後、高栄養を点滴すると、感染症を起こし死亡率が高まる。

四　仕事の無理を重ねるとストレスが溜まり、体内の活性酸素の量が増えて、細胞が酸化する。

五　免疫力を上げるには、玄米食が良い。玄米には、炭水化物・たんぱく質・脂肪・ビタミンＢ群・ミネラルの栄養素が多く含まれる。

六　リンパ球の応援団は何か。体を温める・運動をする・小魚を食べる・野菜と玄米を食べる。

七　大腸がんは、便が大腸に長期間滞留する為に起こる。イギリス人は89時間、アフリカ人は24時間。アフリカ人は食物繊維が多い為、イギリス人ほど長くない。

八　人間は自分の体の中にある『腸内細菌』を食べている。

善玉菌・悪玉菌・中間菌

一　草食動物は、食物繊維を棲みかにしているバクテリアを食べて、動物性たんぱく質を作り出している。

二　高血圧の治療薬をよく使う人がいるが、それは降圧利尿剤である。体から水分を奪い、一時的に血圧が下がっても体は脱水症状を起こし、血液はドロドロになって血流が悪くなる。

三　年を取ると血圧が上がるのは、血圧を上げないと血液が全身に行き渡らないからである。

四　血圧を下げる降圧利尿剤を使うと、脳に充分な血液が行かず、認知症が進行する。

五　血圧を下げるには、副交感神経を優位にするような生活習慣に変えるべきである。ストレッチで体を温める。手首・首を廻す運動をする。

六　細胞を破壊するのは、活性酸素。薬を飲んで交感神経を緊張させると血管が縮んで血行が悪くなり、活性酸素が多く出る。

七　排泄作用はすべて副交感神経の働き。便や尿、汗の排泄、インスリンの分泌も副交感神経。

八　糖尿病治療薬も交感神経を緊張させるので、初めは効果があるが、やがて効果がなくなり逆に悪化させる。薬は初めの2～3週間は効く。

九　病気の原因は、無理な生き方をしている人に多い。

十　薬は対症療法に使うのであって、いつまでも使うものではない。運動すると良い。

十一　机で仕事をする人と動きながら仕事をする人では、大腸癌になるケースは机の上で仕事をする人の方が１００倍多い。机で仕事をする人は、発ガン性物質が大腸に接している時間が長いからである。

十二　癌細胞は、体温が35度の時に最も増殖し、39・6度になると死滅する。

十三　体温の40％は筋肉から出ている為、体温が1度上がると免疫力は30％上がる。

十四　身体の筋肉を動かすと毛細血管が発達して血流が良くなり、脳溢血が少なくなる。

十五　高血圧は、下半身の筋肉が衰えて上半身に血液が集まり、全身の血流が悪くなる。

十六　血糖値が上がると体温は下がる。

十七　手の指は内臓の働きと深い関係がある。親指は肺・呼吸器、人差し指は胃腸・消化器、小指は心臓・腎臓・循環器、中指は耳・交感神経を抑える働き。指揉みが効果的である。

十八　リンパ球は、外界から侵入する細菌やウイルス・異物を食べて退治し、又体の中で発生する抗原に対し、抗体反応を起こして攻撃する。

十九　病気の原因は体の冷え。万病は低体温。体を冷やす元凶はクーラー・清涼飲料水・薬の飲みすぎ・ストレス。

二〇　副交感神経が優位になってリンパ球が50％以上になると低体温になる。

二一　毎日測るのは体重ではなく体温。鳥が空を飛べるのは体温が高いから。どの鳥も体温は41度～43度位。温熱がないと重力を振り切って飛べない。ブルブルッと体を震わせ飛び立つ。

二二　体温が1度下がると免疫力は30％落ちる。癌細胞は35度が最も増殖し、39・6度以上は死滅する。

二三　癌になる人は、仕事で無理をする人、心に深い悩みを抱えている人、頑固な考え方をする人が多い。

二四　体の調子は、自分で感じとる事が出来るように、日頃から訓練する必要がある。

二五　癌は血液の汚れを一手に引き受けてくれる浄化装置。体内の毒を背負ってくれる助っ人。良いこともする。

二六　食べる量と食べる物の質が体の健康や病気を左右する。

二七　人間の歯は全部で32本。穀物用臼歯20本、野菜や果物用８本、魚や肉食用犬歯４本。人間は穀物主体である。

二八　人間の体の生理鉄則は、『吸収は排泄を阻害する』。胃腸が消化吸収している間は体内の栄養物・老廃物を燃焼・排泄出来ない。

二九　患者がどんどん増えるのは、診断技術の向上によって小さな病気まで見つけて病人にしてしまうから。

三〇　良くなる癌もあれば、悪くなる癌もある。

三一　癌は発熱することで治ることもある。発熱療法　癌細胞は39・６度以上では死滅する。43度までは生きている。人間の体を42度まで温めて、癌を攻撃するのが温熱療法。

三二　癌を治りやすくするには、30％以上のリンパ球・白血球が必要。

三三　ウイルス・細菌が体の中に入り込むと、何とかしようという反応が熱発。熱が出るのは病気を治すために必要。

三四　交感神経が優位になると、顆粒球が増え活性酸素も増え、体が酸化する。体内の酸化で老化が進み、寿命が縮む。又、ストレス性の心筋梗塞や癌が増える。副交感神経は「リラックスホルモン」であり、リンパ球が多くなるが死に至ることはない。

三五　人間の精神的な状態が、発ガンや再発・転移・治療に大きく影響する。癌になり易いC型肝炎、温和で従順、協調的な気配り上手な人。

三六　人の為に尽くしたり、喜んだり、笑ったり、楽しんだりしてプラス思考を持つと癌をやっつける。

23【健康維持のために知るべきこと】

世界的に有名な栄養学者ロジャー・ウィリアムス博士は、生命の維持には46種類の栄養素をバランスよく摂ることが大切とある。

まず8種類のアミノ酸、メチオニン・ロイシン・イソロイシン・トリプトファン他。

18種類のビタミン（ビタミンA・B1・B6・B12・BC・BEなど）。

20種類のミネラル・ナトリウム・カリウム・カルシウム・マグネシウム・リン他。

一　タバコの煙には癌を引き起こす60種類以上の有害物質を含む
二　病気を治そうとすると医学の奴隷になる
三　薬を飲み続けると、また新しい病気を薬が作り出す
四　動物性タンパク質は人体を酸化させ老化を早める
五　咳や痰は病気だから出ているわけではなく、治す為の体の反応として出ているのだ

六　肉食は老化を早める、努めて菜食にすべし。動物食は腸に悪い。動物食は食物繊維がない為、腸壁が厚くなり抽出が少なくなる。

七　動物食は細胞に遺伝子変化を起こし、ポリープを作り、ポリープが成長して癌化する。

八　夕食は寝る5時間位前にして、寝る時、胃は空の状態が良い。

九　水の質が悪いと悪い細胞を作る。

十　薬で病気を根本的に治すことは出来ない。痛みや出血を一時的に止めるもの。

十一　便秘は老化の第一歩。便秘しないよう注意。

十二　筋肉を強化すると、老化に太刀打ち出来る。

十三　筋肉トレーニングは色々な病気を遠ざけ、免疫力を高めて病気に打ち勝つ。

十四　体内に溜まった毒素を押し出すには、玉葱一個が最も効果的。

十五　膝の痛みは、安静より歩いて治す。

十六　腰の痛みは姿勢を正し、股関節を広げる股割り療法が効果的。

十七　良く噛むと唾液の分泌を促進し、食物の分解がスムーズに進み、消化吸収が良くなる。

十八　牛乳に含まれる「カゼイン」タンパク質は、胃に入るとすぐ固まり、消化に悪い。

十九　ヨーグルトを常食すると腸に悪い影響を及ぼす。ヨーグルトを食べて臭いのは、毒素が腸内で発生する為。

二〇　食品添加物や農薬を使って育てた物ばかり食べていると解毒する肝臓に負担がかかり、生活習慣病になっていずれ大変な病気を引き起こす。

二一　野菜も果物も、肉や魚も新鮮であればある程良い。美味しく感じるのは酵素が多いから。

二二　癌とは、肉体の細胞に何らかの発ガン因子が作用して分裂を不規則に生じさせ、その細胞自体が肉体を構成している制御から離れてしまう状態。無計画的かつ一方的に増殖して周囲にある組織を侵し、更にリンパ管などを通じて他臓器に転移して肉体に障害を与える。

二三　食物は酸化しないうちに新鮮な物を早く摂ること。酸化は、物質が酸素と結合するためである。

二四　最も酸化が進みやすい食物は油（脂）。

二五　市販の油は溶剤抽出法で製造する。すなわち原食物材料にヘキサンという化学溶剤を入れてドロドロにし、加熱することでトランス脂肪酸に変わる為、身体に良くない。

二六　良く噛んで食べると唾液と混ざり、トランス脂肪酸は幾分中和される。

二七　ひじきはビタミンAを多く含む食物。ビタミンAは油に溶け易いので油と一緒に摂った方が良い。

二八　動物性タンパク質を多く摂ると毒素を作り出す。毒素が腸に停滞すると便秘に成り易く、ポリープや癌を作り出す。

二九　昆布はアミノ酸の宝庫。大豆は畑の肉。大豆の必須アミノ酸は動物性タンパク質とほぼ同じ。

三〇　病気は交感神経の緊張状態が作り出す。交感神経は日常生活を支えている神経で、筋肉を使ったり、血圧を上げたり、体調を維持する。しかし、長い時間労働すると脈拍・血圧・血糖値が高くなり病気になりやすい。

健康で長生きするには人からの声を聞くのでなく、自分の体の中から聞こえてくる声に耳を傾けること

24【自宅で行う健康管理】

一　これからの人生をどのように元気よく生きるか。人生100年！　時代への心の準備と体を健康に保つ方法

二　老化を防ぎ若さを保つ方法

三　骨折を避けるにはどうするか　骨折にならない為の工夫

四　免疫力を上げるにはどうするか

五　リンパ球の流れを良くする方法

六　癌にならない為のアイソメトリック　スクワット療法・ウォーキング

七　体の仕組みと病気の仕組みを知り、笑いの中での健康管理

八　病気は千・健康は一つ。健康を守る方法

九　呼吸の仕方が悪い人は姿勢が悪い　姿勢の悪い人は呼吸の仕方が悪い

十　血液の汚れが万病の基　血液をサラサラにする血液浄化法

十一　万病はストレス。毎日、健康で明るい笑顔が財産。体の健康作りが長寿の基

25【健康は免疫力から】

一　人間は病気を治すことも大切だが、予防が最も重要

二　ねたみ・ひがみが免疫力を下げる

三　血液中の老廃物質を笑いが排泄する

四　発疹は回復の兆し

五　便秘は免疫力の敵

六　生命力を強める赤い色、青い色、黄色の野菜

七　病気の大半は遺伝よりも習慣に原因あり　特に美食・酒・タバコ・運動不足の習慣

八　愛は免疫力を活性化する。国を愛し、人を愛し、物を愛す心が免疫力を高める

九　良く噛む。腹八分目が健康に良い

十　自分の病気は自分で治せ。名医は心の中にいる

十一　人生三大栄養素　①愛　②笑い　③感動

十二　笑いは心の中のジョギング　良く笑う人は健康で長生き出来る人。良く笑う人は癌になりにくい

十三　１００歳になるまで心はいつも10代　女性の年齢、20進法　40歳は20歳の若い女性がふたり分の魅力　30歳は20歳の女性と10歳の少女の魅力

十四　人は信念と共に若く、疑惑と共に老いる

十五　意志あれば道あり　健康を気遣うと健康を維持できる

十六　身体は病んでも心まで病ますな　気で助けよ

26【生き方上手―悠々と100歳を越える】

WHO・世界保健機関
日本82歳、平成17年度長寿世界一（女性86歳　男性79歳）

一　自分の体は自分の物　ならば年を取らすな
二　毎日明るく輝く。明るくなければ人生じゃない
三　笑顔の花は幸せの実をつける
四　名医は必ず自分の心の中にいる。病は心で治せ
五　年齢の事を考えるから年齢があるだけ。年齢は人に聞け、人は若く言ってくれるはず
六　年をとっても心に年を取らすな
七　常に姿勢を正せ
　　姿勢とは　①背骨が真っ直ぐ立っている

②頭が正しく乗っている
③リラックスしている　現代医学の姿勢

八　満腹すると白血球も満腹し、殺菌力が低下し、免疫力が落ちる

九　人間は体だけで生きているわけではない　最も大切なことは心にも栄養を与えること

十　日頃、人がよく口にするコーヒーには血圧を下げる効果がある。ポリフェノールのひとつ、クロロゲン酸に血管の拡張作用があるため、降圧効果がある。飲み過ぎるとカフェインの作用で胃酸の分泌が多くなるため、胃腸の弱い人は注意。

毎日の小さな努力はやがて習慣となり、心を育成し、「身体を若々しく花開かせる　毎日の小さな努力を続けよう」健康の為

第5編

社会―洞察力

1 【人の道】

人は正しい人の道をあるくべし

一　忘れてはならぬものは恩義

二　捨ててならぬのは義理

三　人にあたえるものは人情　繰り返してならぬものは過失

四　通してならぬものは我儘な自我

五　聴いてならぬものは人の秘密

六　笑ってならぬものは人の失敗

七　お金で買えないものは信用

八　殺してよいものは自分自身の我儘な腹の虫

九　地獄が有るわけじゃない　地獄は自分が作り出すものだ

2【世の中で最も不幸な人】

世話になった事は忘れるな！

世話した事は忘れよ！　恩は石に刻み、恨みは水に流せ
一頭の鹿が猟師に追われブドウ畑に逃げ込み、ブドウの葉の陰にかくれ、鹿を葉っぱがかくして守ってくれた。

息を殺して潜んでいると、目の前を猟師が通り過ぎて行く。安心した鹿は目の前のブドウの葉をむしゃむしゃと食べてしまう。その微かな音が遠くへ去った猟師の耳に届いた。風もないのに葉が揺れている。猟師はすぐに弓を引いた。放たれた矢は見事、鹿に命中し大地に倒れた。

当然の報いだ。命の恩人であるブドウを傷つけてしまったからだ。世話になった人を仇で返す人、感謝の心がない人はこの鹿と同じだぞ‼

3 【正直は人から大きな信用を得る】

織田信長の家臣であった森蘭丸は、いつも主君信長の太刀を捧げて側に使えていた。ある日、徒然の戯れにその太刀のサヤの模様を数えていたのを、信長は物陰からじっと見ていた。しかし蘭丸はすこしもそれに気付かなかった。

信長は若侍を集め「この刀のサヤにある紋の数を言い当てた者に、この刀を褒美として与えよう」と言ったので、若侍達は我こそ見事に言い当てて素晴らしい刀を拝領しようと盛んに申し出たが、一人も的中しなかった。

ところが蘭丸一人は、答えなかった。信長が「その方は何故申さぬか!」と問うと、蘭丸は「はい。私は先日その数を調べてよく知っています。今、知らぬ顔してその数を言い当て刀を頂くのは、主君を欺くことであり、深く私の恥じるところでございます。それゆえ申し上げなかった次第です」と言った。

これを聞いた信長は、大いに彼の純情なことを喜び、その太刀を蘭丸に賞与したと言う。

「信用なき人間は首なき人間」　高杉晋作

正直は最高の宝なり　正直こそ一段と高い信用を得る

4【人間を磨く、自分を育てる】

一　良い縁が人生を開く　良い縁を築け　清水寺貫主・森清範

二　迷えば地獄　悟れば仏　迷う者に悟りなし　迷いとは心がふたつになることであり、悟りとは心がひとつになることである。心をひとつにせよ。

三　ネズミ壁を忘れる、壁ネズミを忘れず　苦しめられた者は決して苦しめた者を忘れない。苦しめた者は忘れる。

四　水は方円の器に随う。事の善悪は友による。良い友と付き合え。

五　現在に満足か不満足か、幸福か不幸福か。不満足と思う人は不満足、不幸福と思う人は不幸福。人間は思い方による。

六　人間は両極端がいい。それだけ幅広い人間になる。

七　聞くは早く、語るは遅く、怒るは遅くあれ。腹が立った時、今日言いたい事は明日言え。一晩寝ると腹は和らぐ。

八　どんな教育でも逆境に勝るものはない。逆境を進んで受けよ。

九　武士の教育において、守るべき第一の点は品性・品格を建にあり。
十　散る時に散るが花、つまずく石も多少の縁。縁を大切にせよ。
十一　石を投げられたら、パンを投げ返せ。
十二　下手な鉄砲も数撃ちゃ当たる。下手なら何事も繰り返せ。
十三　危険大なれば、名誉も大となる。危険を恐れるな。
十四　馬に乗らなければ落馬もしない。何事も試すにあり。
十五　少年老い易く、学成り難し　一寸の光陰軽んずべからず　朱子学の祖　朱熹
十六　人生山登り、高く登れば遠くが見える。人様の上に立て。
十七　自分の足で立てない人は、人に協力をする資格なし。何事も率先垂範。アナポリス海軍兵学校
十八　人は、志を立てて行うならば、必ず成功する。西国立志論
十九　お釈迦様に一人の男が、「人間は、どのように生きていけばよいか」と尋ねたところ、お釈迦様は「牛を知っているか、蛇を知っているか。牛は水を飲んで牛乳を作り、蛇は毒に変える。どちらが人に喜ばれるか」
二〇　良い事をすれば自分は良い方向に行く。悪い事をすれば悪い方向に行く。地

獄がある訳ではない、自分で地獄を作り出すのだ。

二一　人には三種類
言われなければ出来ない人
言われても出来ない人
自分から進んでする人

二二　成功の神様の国にも信号がある。赤の時はゴー、黄色の時は気を付けて行きなさい、青の時は勿論ゴー。

二三　進取
進んでする人は上の上
人の真似をする人は中の中
言われてする人は下の下

二四　何事も成功を収めるには　①考える事　②工夫する事　③実行する事　④努力する事　⑤継続する事

二五　病気も移るが、元気も移る。

二六　明日ありと思う心の仇桜　夜半に嵐の吹かぬものかわ　一寸先は闇。

二七　誰にも間違いはある。だから鉛筆に消しゴムが付いている。

二八　魚を貰って一日生きられる。魚の捕り方を教えて貰って一生生きられる。自立の精神が大切。子供に自立を教えよ。

二九　心に問題のある人は、心に問題がある人に魅かれる。

三〇　明るくなければ人生ではない。病であろうと不運であろうと、心まで病ますな。

三一　意欲の法則

どうせ勉強するなら、遊びにして楽しくしよう。どうせ空手をするなら、修行と思い楽しくしよう。

三二　頭を良くする方法　①集中すること　②頭を使うこと　③意識をすること

三三　人間関係で悩んでいる時は、自分が磨かれている良い機会である。

三四　微差は大差　少しの差は結果として大きな差となる。

三五　挨拶は０・８秒の自己紹介

15度会釈　30度敬礼　45度最敬礼
挨拶は、相手と自分を結ぶ黄金の絆。

三六　人間にも根っ子がある。それは考え方だ。考え方が悪い人は根っ子が腐っている。

三七　人生を駄目にするのは愚痴だ。全ての苦しみは愚痴より生ずる。愚痴が己を駄目にする。

三八　困難
困難にぶつかった経験のない人ほど失敗する。

困難がある時は受けて立て。人の幸福は苦難のかなたにある。苦難を避けるということは自から幸福への道を断ち切る事になる。困難歓迎であれ。

願わくば我に七難八苦を与えたまえ　山中鹿之助　尼子氏の家臣

三九　挙足を持って人を生かす。空手道を持って人を育てる。

四〇　空手道は人の心を育てる。知力がある。気力がある。力がある。知恵がある。知識がある。感性が高い。自分が育てなければ人は育ててくれない。

四一「恥」人に笑われるぞ　体面を汚すな

人に嫌われるぞ　恥を知れ

四二　酒の十得　①礼を正し　②労をいとわず　③鬱を開き　④病を避け　⑤人と親しめ　⑥縁を結び　⑦憂いを忘れ　⑧気を巡し　⑨毒を消し　⑩人寿を延ぶ　今日の元気と喜びに乾杯

四三　①困った　②弱った　③情けない　④悲しい　⑤腹が立った　⑥助けてくれを言うな。

四四　自分の運命を良くするには　ああ有難い、ああ感謝感謝、ああ楽しい、ああ嬉しい、ああ面白い。

四五　ある年齢になると、やる気が段々失せてくる。やる気心訓を作り、自分を励ます。やれば出来る。いつまでも出来る。勇気を持って、自信を持って、周囲に左右されるな。夢はいつまでも必ず達成出来る。決して止めない。決して諦めない。

四六　馬は飼い殺せ、子供は教え殺せ。馬は心を配し、長生きさせ、人の役に立たせる。子供は鍛え抜けの教え。

四七　俺は出来る、成せば成る、頑張るんだ。駄目でもともと、負けてたまるか。

四八　俺は頭が良い、俺は知的感性が高い。

四九　人間は内向と外向がある。内向の人は、自分が内向だと逃げ込む人。

五〇　人生は人と人との出会い。人は最高の財産。人は人を支えて人と申す。

五一　人間関係の基本は、一緒にいて気分がいい人、会って楽しい人、分かり易い人。逆に分かりにくい人は、裏表があってわかりにくい人。

五二　グー　チョキ　パー　皆勝ったり負けたり。勝つ事を知って、負ける事を知って、進む事を知って、退く事を知る。

五三　大将には3種類
才将：自分の知恵と才能
賢将：人使いと組織運営
徳将：自分より優秀な人材

五四　人の命は両親二人の生命。二代目は6人、10代目は2００万人、30代目20億人の多くの先祖の血を受け継いでいる。自分を大切にせよ。

出世する人間
自分の能力を、積極的に変える能力を持っている人間。

五五　愚者は自分の経験に学び、賢者は歴史に学ぶ。

五六　君が成長しないのは（小成に安んずる）、小さな成功と小さな成長に満足しているからである。

五七　あの人が行くんじゃ私は行かない。あの人が行くんじゃ私は行く。あの人・あの人　私はどっちのあの人。もっと思いやりのある人柄を磨け。

五八　病気は１０００　健康はひとつ　病気に負けない体力と気力・精神力を育てよ。

五九　教える者は教わる。教える立場になれ。教える者は教わる者の半ばとする。教える者は半分と心せよ。

六〇　猛将の下に弱卒なし

羊が狼を育てると狼が羊になり、狼が羊を育てると羊が狼になる。氏より育ち。

六一　人を動かすには、力より情が大切。情けなくして人は動かじ。

六二　空手道は不撓不屈の精神。不撓不屈とは成功するまでやる、成功するまで志・目的を変えないこと。

六三　人生は、常に決断を迫られる分かれ道ばかり。決断と実行こそが最も大切。

六四　散りぬべき時に散りてこそ　世の中の　花は花なり人は人なり　ガラシャ

花は散り際、人は退き際。

六五　自分の周りを味方に付けるには、自分自身に価値があり、人望・人徳を磨き、育てなければならない。

六六　人間とは、人生とは不思議なもので自由を失ってみないと、自由の有難さが理解できない。

六七　人様から腹を立てられたら、人は自分ではないと思え。人は人、自分は自分。今日食いたい物は今日食い、今日言いたい事は明日言え。一晩置くと腹は和らぐ。

六八　面白き事なき世を、面白くすみなすものは心なりけり。

六九　初心忘るべからず、時々初心忘るべからず、老いて初心忘るべからず。初一念が大切。

七〇　身を削り、人に尽さん擂り粉木の、その味知れる人ぞ尊し。永平寺　道元

七一　自分の都合だけで和を保つことは出来ない。

七二　不自由を、常と思えば不足なし。
七三　今日一日、人の悪を言わず、己の善を語らず。
七四　一言で人を生かし、一言で人を殺す。舌は剣、口は虎。
七五　大きな努力は大きな信用を生む。小さな努力は小さな信用しか生まない。努力を続けている限り、いつかは必ず報いられる。
七六　豆腐も煮れば縮まる。人も熱を加えると引き締まる。
七七　世の中は目明き千人、目暗千人。
七八　自分の病気は自分で治せ。自分の幸福は自分で築け。
七九　人の生を得るは難く、死するべきもの。生命あるは有難し（生きていることが有難う）。
八〇　物が栄えると心が滅びる。贅沢を慎め。
八一　自分に自信がない人が、茶髪にし過剰なお洒落をする。民族愛のない人。
八二　愛の反対は憎しみではない。無関心である。
八三　小さな光でも、光は光。愛があれば一本の針でも井戸を掘ることが出来る。
八四　失敗は誰でもする。だから失敗は成功の元。失敗しても結構。人は失敗の後が大切。

八五　動く人より働く人。知って働かざるは動きと同じ。知るとやるとは天地の差。

八六　人には、褒め言葉と喜ぶことは積極的に使い行え。

八七　人間、向上心と向学心・努力する人が一番大切。人の話を聞いて自分のものに出来る、それを積極的に活かせる人間が成長する。

八八　人間に弱い・強いの区別はない。弱い人間がいたとしたら、それは自分は弱いんだと決めこんでいる人間。

八九　孫子の兵法
敵を知り、己を知れば百戦危うからず。敵を知らず、己を知らざれば百戦ことごとく破るる。常に相手の研究も怠るな。

九〇　空手道は厳しい鍛錬により、強靭な体力と不屈の精神を養い、心豊かな人間形成を作る武道と言われる。情操教育に役立つ。

九一　今日の一字は明日の二字、毎日毎日の努力の積み重ね。積少為大

九二　良薬口に苦く、忠言耳に逆らう。人からの嫌な言葉を進んで受けよ。

九三　その人を知らざれば、その人の友を見よ。事の善悪は友による。

九四　叱るときは人の陰、褒める時は人の前。

九五　今日一日、物事を全て前向きに捉える。感謝を忘れない。愚痴をこぼさない。

九六　馬鹿が国を守り、利口者が国を滅ぼす。

九七　家庭は躾の学校、躾は家庭でせよ。躾の三つの基本　一．挨拶　二．返事　三．後片付け

九八　考えないより考えた方が良い。知らないよりも知った方が良い。立派な社会人になるため。

九九　友に求めて足らざれば、天下に求めよ。天下に求めて足らざれば、故人に求めよ。賢者は歴史に学び、愚か者は自分の経験に学ぶ。

百　子供の教育は、自立と耐える事を養育する事が大切。切れる子供は、自立がなされていない証拠。

百一　「流汗悟道」汗を流せば何かがわかる。汗を流せば深い共感が生まれる。北海道家庭学校の理念

百二　一に忍耐、二に我慢、三・四がなくて五が辛抱。織田がつき羽柴（秀吉）がこねる天下餅、たらふく食うのは忍の家康。信長がいかに名将なりといえど

も、忍の精神に徹しなければ永世の天下は取れないことの訓え。

百三　龍馬ほど、最良の出会いを重ねて人脈を広げた人間はいない。そこには、一流を見抜く眼力と無欲があったから。人を見抜く力を養え。

百四　古い物は悪い、新しい物は良い。世の中はそんな単純なものではない。言葉も同じ。

5【社会性を生かす教訓】

一　人は理屈では動かない、感動して動く。
二　今日なしうる事を明日に延ばすな。
三　自分をかばって反省しない人は、同じ失敗を繰り返す。
四　知って行わざれば、知らずに同じ。
五　知恵なき努力は牛馬の努力。
六　日に進まざれば日に遅れる。（一日進歩がないと一日遅れる）
七　努力をする人には、多くのチャンスが訪れる。
八　人間の能力に大きな差はない、あるとすれば根性の差だ。
九　勝利者は諦めない、最後に笑う者が最もよく笑う。
十　俺が俺がの我を抑え、お陰お陰の我で生きよ。
十一　人を変えようと思えば、自分が変われ。自分が変わらないかぎり人は変わらないと思え。

十二　世話になった事は忘れるな、世話した事は忘れよ。自分を生かすうえで一番大切な事。
十三　今日学ぶ事を忘れると、明日は無学の者になる。
十四　心の思いが人生を作る。
十五　地獄がある訳ではない、地獄は自分が作り出すものだ。
十六　過去を変える事は出来ないが、現在と未来は変える事が出来る。
十七　自分の事しか考えない人は、周りが冷たくなる。
十八　成功への道は、やる気・負けん気・根気。
十九　愚者は経験に学び、賢者は歴史に学ぶ。
二十　人を立てれば蔵が建つ、人を照らせば自分が光る。

６【知っておきたい大切な日本の歴史】

60数年前の昭和27年４月28日　６年余の占領から解放され独立を果たした日

我が民族が嘗て経験した事のなかった異民族の支配から離脱し、主権を回復した日である。

占領軍の勝者国、11か国は国際法を無視して極東軍事法廷（東京裁判）を開き、A級戦犯とされる28名を昭和天皇の御誕生日に捕まえ、今上陛下の御誕生日に７名の絞首刑を執行したのである。

しかし、日本人の心が救われたのは、勝組のインド代表パール博士が全裁判官の中最も国際法に長じた学者で「東京裁判は裁判の名を借りた復讐であり、占領政策のプロパガンダにすぎない。真の平和と人道を確立する絶好の機会でありながら、それをなさず法的根拠もないのに日本を侵略者と決めつけ、多数の個人を処刑することは、20世紀文明の恥辱である」と主張されたことだ。戦争を正当化はできないが、パール博士の言葉には国際法学者としての重みがある。

（参考）サンフランシスコ講和条約の発効

昭和27年（一九五二）4月28日

7【清廉な最後の武士】

日本とロシアの戦争は当時、蟻と象の戦いと言われた。ロシアは国家歳入が20億円という超大国で、日本は2億5千万円であった。常備兵力もロシア350万人に対し、日本は20万人。国力からすると日本が勝てる相手ではなかった。中国を舞台に両国の緊張が高まり、日本は勝負に出た。

日本とロシアの雌雄を決したのが、中国遼東半島南端に位置する旅順の攻防戦である。指揮を執ったのは乃木希典大将。

二〇三高地を巡る戦いは、壮絶で日本陸軍第7師団1万5千名が、わずか5日間で千人にまで減った。激戦の末に日本は勝利し、乃木大将と敵将アナトーリィ・ステッセルの水師営での会見となった。

乃木はステッセルらロシア軍幕僚にも帯剣を許し、彼らの武人としての名誉を守ってやった。乃木はこの戦いで、多くの兵士と我が子2人も戦死させた。

乃木大将は、武士道精神で相手を手厚く保護した。多くの戦死者を出した責任を取り、明治天皇に申し訳ない事をしたと夫人と共に自決したのである。

これが最後の武士道人としての誉れである。

「最後の武士道精神の持ち主」　乃木希典陸軍大将

８【君が代を正しく知るために史実を送る】

日本国天皇は、神武天皇以来、現在の平成天皇で１２５代目にあたる長い歴史を有している。君が代の起源は、古今和歌集の賀歌（祝賀の時に歌う歌）の始めに「我が君は千代に八千代にさざれ石の巌と成りて、苔のむすまで」とある。約１２００年前の歌を、国学者本居宣長が古今集「遠鏡」で「細かい石が大きな岩となって苔の生えるまで千年も万年も御繁盛でおいでなされこちの君は」と口語訳した。江戸時代になって流行唄の「隆達節」で「君が代は千代に八千代にさざれ石の巌となりて、苔のむすまで」という歌詞になった。

御祝いの席で主賓に贈られる寿歌として、広く庶民に歌われてきた。そうして全国へ普及し、薩摩琵琶歌、蓬莱曲の中に取り入れられた。明治2年、イギリスの軍楽隊長から外国の国々には必ず国歌があると進言され、旧薩摩藩砲兵隊長の大山巌陸軍元帥が、新たに国歌を作るのではなく、古くから庶民に長く歌い継がれてきた歌を『君が代』として国歌に選定した。

君が代は、日本の長い歴史を国民と一緒になってお育てになられた天皇の限りない御長寿と国民の無事・平安・繁栄を願い、果てしなく続くことへの祈りである。

9【次世代の子供達に告ぐ】

尖閣諸島には、日本人の開拓者がいた。

その名は古賀辰四郎。

その子供の善次、そして後を引き受けた善次の妻が尖閣諸島を守ってきた。古賀辰四郎は安政３年に福岡県上妻郡山内村（現在の八女市山内）に生まれた。

明治12年24歳の時、山内村から沖縄へ八女茶を商いに行った。そして石垣島にも渡り、海産物の古賀商店を開いて、商売をした。明治17年、尖閣諸島に調査の為に渡り、夜光貝や高瀬貝の貝殻を衣類のボタンに使用する等、海洋資源の開拓を試行錯誤した。

当時ヨーロッパでは、夜光貝がボタンの材料として重宝されており、フィラデルフィアで開催の万国博覧会にも出品され、我が国の貝殻加工品が世界から高く評価された。

当時、八重山の漁民の間でユクンバ島（尖閣諸島の久場島）は鳥の多い島だという話が伝わっており、冒険心が強い古賀辰四郎は明治政府に開拓許可を申請していた。

明治政府が尖閣列島を日本領と宣言したのは、探検から11年後の明治28年。古賀は、政府に官有地拝借願を当時の内務大臣・野村靖から30年の期間を設けて尖閣諸島のうち魚釣島と久場島の貸与を受けている。

ヨーロッパではアホウ鳥の羽毛が珍重されており、海外輸出する為、許可が下りるや家屋の建築や井戸の掘削、加工工場や羽毛製造所を造って活動した。

明治33年（1900年）パリ万国博覧会では真珠や貝殻類を出品して銅賞を取り、明治42年には尖閣諸島開拓で政府から表彰されている。大正7年に古賀辰四郎は63歳で死去するが、この壮大な事業を長男の善次が継いだ。

大正15年には30年に及んだ借地期限が切れたが、昭和6年に払い下げを申請し許可を得た。この時、尖閣諸島のうち魚釣島を含む4島が、善次の所有となった。しかし、個人の所有ではあるが、日本の領土である。

大正8年、中国福建省の漁船が尖閣諸島沖合で難破した時、31人の乗組員を助けて石垣島で手厚い世話をし、翌年中国へ帰国させた。お礼に中国政府から善次宛、石垣島の関係者に感謝状が送られ、その封書の宛名には日本帝国沖縄県八重山群島尖閣諸島と記載されていた。送られてきた感謝状は、現在も保存されているそうだ。

中国が、尖閣諸島を日本の領土であると認識していた決定的な証拠である。

日本は海洋国家　島を守れ

本土五島　離島六八五二島（北方領土を含む）

10【大和民族の素晴らしさを取り戻そう】

一　今の日本人は公的心を忘れて一個人のみに走る、民族になり下がった。なり下がった民族に将来はない

二　義務を忘れた日本人。権利と義務は常に表裏一体で初めて成り立つ価値概念である。権利だけを主張するのではなく義務を重んじることが大切

三　最近の日本人は叱ることを忘れてしまい、叱ることは封建的と思い込んでいる。叱ることは戦前の悪い風習と勘違いしている親が多い。叱ることは大切な教育であり、即ち育てることを意味している。怒るは個人感情。叱るは育成感情である

四　「子供は叱るな　来た路じゃ！　年寄り笑うな　行く路じゃ！」とあるが、理に合わぬ叱り方をするな。自分も歩んできた路だから愛情を持って叱れということである

五　父母は誠の道を教える習慣の教師。家庭は習慣の道場である

六　今の親や教師は、叱ることが罪悪で、甘く育てることこそ親の愛と錯覚している

七　駄目は駄目とはっきり言える親であり、教師でないと、子供は迷いながら育つ

八　会津若松藩の日新館の教えに「ならぬものはならぬ」の教えがある。親・教師はレールの線と一緒。どこまで行っても妥協出来ないことを教え、誠の道を守らせねばならない

11【私の好きな言葉　ベスト15】

一　人は理屈では動かない、感動して動く
二　今日なしうる事を明日に延ばすな
三　自分をかばって反省しない人は同じ失敗を繰り返す
四　知って行なわざれば知らずに同じ
五　知恵なき努力は牛馬の努力
六　挨拶人間に不幸なし
七　努力をする人には多くのチャンスが訪れる
八　人間の能力に大きな差はない、あるとすれば根性の差だ
九　真剣だと知恵が出る、中途半端だと愚痴が出る
十　勝利の女神は弱気を嫌う
十一　勝利者は諦めない、最後に笑う者が最もよく笑う
十二　日に進まざれば日に遅れる（1日進歩がないと1日遅れる）

十三　笑顔は人を幸福にする心の窓口
十四　人間の最高の哲学は利他は利自のもと
十五　俺が俺がの我を抑え、お蔭お蔭の我で生きよ

12【人を大切にする10の誓い】

一　友人・先輩には敬意と礼節を重んじること
二　後輩には温かい気持ちで接し面倒を見てやること
三　老人弱者には思いやりを持って接すること
四　隣人とは常に助け合う心で思いやる気持ちをもつこと
五　恩をきせるな恩には報いよ　世話になったことは忘れるな　世話したことは忘れよ
六　目下の者　女性にはいばるな
七　他人には温かく明るく笑顔で接すること

13【感奮興起】

何かに感じ、自分もうかうかしていられないと奮い起つこと。

スイッチ・オンの生き方。

人間の目は、不思議な目。

見ようという心がなかったら、見えても見えない。

人間の耳は、不思議な耳。

聞こうという心がなかったら、聞いても聞こえない。

頭もそうだ。初めから良い頭、悪い頭の区別があるのではない。〝よし！　やるぞ〟と、心のスイッチが入ると、頭も素晴らしい働きをする。

心のスイッチが人間をつまらなくもし、素晴らしくもする。

電灯のスイッチが、家の中を明るくもし、暗くもするように。

あとがき

1985年に道場を開いてから早34年。振り返ってみると空手が私を人として成長させてくれた。空手を通じてたくさんの人と出会い、自分自身ともしっかり向き合うことができたおかげで、人生がより良いほうへと導かれていった。その結果、今日(こんにち)の私がある。

さて、後進の人たちを応援するという意味もかねてちょっとしたメッセージを残しておく。基本的には空手を通じて学ぶことや心構えだが、人生において何かの役に立ててもらえれば嬉しい。

精神面で大事なのは目配り、気配り、心配り、思いやり。これは学ぶ者だけでなく指導者にとっても必要なことだ。教え子の心の動き、微細な変化に気づけるかどうかが肝要となってくる。

教える側は「努力」や「頑張る」という言葉をあたりまえに口にしがちだが、それは表面的なものにすぎない。もっと深いところにある「やる気」を引き出してやらねば、いくら発奮したとて一時的な気力で終わってしまうだろう。

やる気とはつまり「負けん気」「根気」などといった容易には失われぬ心意気があるか否か。続ける意志に直結する類の感情だ。

「勝利者はけっしてあきらめない」とはよく言ったもので、努力や頑張りを一過性のものにしてはいけない。「最後に笑う者がもっともよく笑う」のだから、為し遂げるまでやる気を維持していけるよう精神面をきちんと鍛えてゆこう。

もうひとつ、心の隅にとどめておいてほしいのが「妄想(もうそう)すること莫(なか)れ」という言葉。禅語における「莫妄想(まくもうそう)」の辞がもとだが、難しいので少々かみくだいて説明すると「誤った考えに走らず、現実を精一杯生きよ」ということになるだろうか。

ともかく、あれやこれと自分で作り出した虚像に惑うようなことはよろしくない。よく遊び、よく学べ。何事においても、目の前のことに集中して一心不乱に取り組むことが大切なのだと、私は解釈している。

最後に、この場をお借りしてお世話になった方々へのお礼を述べておきたい。中でも次に挙げる10名には深甚なる謝意を表したく思う。

①原寛先生

社会福祉法人原土井病院理事長、学校法人原学園理事長、能古博物館理事長、九州大学白菊会理事長、福岡県療養病床協会会長、ほか多数

86歳にして朝6時には病院に到着。新聞各紙に目を通し6時30分から朝食。7時から幹部との話し合い。8時から各部署責任者との会議。9時から病院学校各施設の巡回30以上。夜は各会の会合に参加。ほかに講演活動なども。これほど世のため人のため誠を尽くされる方を他に知りません。

②片井憲三先生

医療法人片井整形外科内科病院元院長理事長

義理と人情味が豊かなドクター、情に厚く人への思いやりが深い。しっかりし

た自分の信念を持ち、曲がったことが嫌いな正義感。約束時間よりも早く人を待つような、心の優しい本物の先生。

③阪井龍介先生
公益社団法人日本空手協会九州地区本部相談役、公益社団法人日本空手協会福岡支部師範
人間的。万人が認める人望、人徳、徳望のある方で、空手道の技術力の教えと人柄は最高な先生。

④野上修一先生
浄満寺500年以上続く寺の元住職、日本空手道連合会会長、空手道修武会会長、九州空手道研究会代表
心豊かな慈悲、慈愛を持った人間味。人間力があり生涯稽古を合い言葉に、一志一道、文治武修。多くの全日本大会に形選手を育て送り出した貢献と功績は日本空手界の大きな財産。

⑤藤本顕憲先生
福岡市議会議員、福岡県空手道連盟会長
仕事に対する情熱を持った幅広い人間力と人脈を持ち、活動的で学識豊富。気さくで威張らず何ごとも情熱、熱意を持って取り組み、思いやりのある先生。

⑥森俊博先生
公益社団法人日本空手協会師範会委員元専務理事、東北学院大学空手道部師範監督
将の一念、常に向上心、向学心があり前進的な情熱、熱意がある気骨、気概、先見力、発想パワーのある先生。

⑦住川稔先生
海上自衛隊小月航空隊元教官、山口県鴻城高校空手道部師範
博学多識、常に向学心と向上心を持ち、人の話を良く聞き、学生への指導は学校教育者以上。現在に必要な道徳心を教える正義感あふれる文武両道を持った指導者。

⑧小楠宏一先生
長崎県立猶興館高校、県立長崎西高校教諭を経て長崎日大高校副校長、創成館高校校長、長崎大学空手道部ＯＢ会長
何事も誠実で、人にやさしく思いやりがあり、心豊か。いつも優しい笑顔と人情味あふれた文武二道を持った先生。

⑨馬場甚史朗先生
馬場製菓三代目、風月堂社長、公益社団法人日本空手協会鹿児島県本部会長、龍馬会九州地区会長
実践、実行、行動力、人の何倍も仕事をこなし、世のため人のため誠を尽くす姿。人情味のある姿はいつも美しく見える。明るく健康で万人に好かれる人柄。勇気、誠実、勤勉、奉公、真心と日本精神を持った先生。

⑩山元中様
宮崎県庁宮崎県建設技術センター副所長、宮崎県産業開発青年隊元教官、九州土木

設計株式会社常務理事

義理、人情、人への思いやり、人から頼りにされる人柄。恩は石に刻め。社会道徳を自分自身が実践実行する行動力と、いつも胸襟を開き、人を暖かく迎え入れる最高の人柄。

ちなみに、どなたも今なおご健勝、現役で活躍していらっしゃる。自分も「教える者は衰えるな」の訓示をしっかりと胸に刻み、生涯現役をめざしてこれからもまい進していくつもりである。

２０１９年１月吉日

神野　勝

神野　勝（かみの　まさる）
1937年、鹿児島県始良市生まれ。
公益社団法人日本空手協会福岡県多々良支部師範。
公益社団法人日本空手協会総本部師範会委員。
有限会社たたら調剤薬局 代表取締役。

この本があなたの人生を育てる
人生に活かす空手道

発　行　二〇一九年三月一日初版発行
　　　　二〇一九年四月一日第二刷発行

著　者　神野　勝
発行者　田村志朗
発行所　㈱梓書院
〒八一二－〇〇四四　福岡市博多区千代三－二－一
TEL　〇九二－六四三－七〇七五
FAX　〇九二－六四三－七〇九五

印刷所　青雲印刷
製本所　岡本紙工

ISBN 978-4-87035-643-6